日本はテロを阻止できるか？ 3

サイコ型テロへの処方箋

GLOBAL ISSUES INSTITUTE 代表取締役　吉川　圭一

KSS 近代消防新書 016

近代消防社 刊

サイコ型テロへの処方箋

目次

はじめに

サイコ型テロとは何か？　最近は国際テロも組織的なものから、インターネットでテロ団体の活動等を見て、インターネットで手口を学んで、そして一人で実行する、いわゆる一匹狼型テロ（ローンウルフ型テロ）が増えてきた。日本ではテロではないが、精神的に悩んでいる若者等が、インターネットで何らかの影響を受け、インターネットで手口を学び、そして実行する異常な犯罪等が最近は見られるようになってきた。

この二つを分けて考える必要があるのか？　同じように悩める現代社会の若者等の、心の問題として対処して行かなければならないのではないか？　できるだけ彼らの存在を事前に察知し、その心の問題に応えることで、テロや犯罪を事前に防止できないだろうか？

そのような問題意識に基づき、この両者を包摂する概念として〝サイコ型テロ〟という呼び名を考えてみた。資料４「名作映画『サイコ』シリーズと米国の非同意入院制度」を読んで頂ければ、その意味もご理解いただけると思う。

さて私は前著『２０２０年東京オリンピック・パラリンピックは、テロ対策のレガシーになるか?』(近代消防社、2018年刊)の157頁から158頁に掛けて、内閣官房副長官補(事態対処・危機管理)付の岩下剛氏と次のような遣り取りをしている。

吉川 ただテロを起こそうと思ってネットを見ていた人のところに、ある日ちょっと心理カウンセラーが相談に乗ってあげるよ——と言って何かの形で接触してきたら、「そんなことを何故、俺に言ってくるのだ。俺の個人情報を勝手に見ているのか。」ということになるのでは。

岩下 そうですね。

吉川 ですから法改正が必要かと思うのです。

岩下 そういう制度を運用するには、安心してできるように法律があることが大事でしょうが、それは事実として何らかの不幸な事件がいくつかないとできないのでは。

吉川 相模原障害者殺傷事件だけでも十分では。犯人のパソコンを調べてみたら、相当ヒトラーの思想とか、短時間に人をたくさん殺す方法など、調べていた履歴が、残っていると思うのですが。

岩下 そういう報道はあまり出てこないのでしたっけ。

吉川 報道されていないですけれども、神奈川県警がパソコンを押収して調べていれば、多分そういうのが残っているのではないかと思います。

（注：このインタビューが行われてから約2週間後に同じ神奈川県の座間市で、大量連続殺人・死体損壊事件が発覚した。犯人がネットを通じて被害者達を誘き寄せ、ネットで死体解体方法等も学んだことは報道されている。ネット上の犯罪関係の通信や検索履歴を政府機関が監視し、それに対して適切な対応が出来るシステムの構築は急務と思われる。）

その後、２０１７年末に内閣官房は、座間事件の再発防止に関する決定文等を発表した。そこで前著の続きとして、その決定文に関係した人々への取材から始まったのが本書である。

正直に言って今までの、どの著作よりも苦労感が多かった。〝日本の省庁は縦割りの弊害が大きく、内閣官房は連絡所に過ぎない〟という私が今までの著作で理論的に述べてきたことを、私自身が実体験したとしか言いようがない。

日本の官僚は、個々人は本当に優秀で、しかも国家、国民のために誠実に尽くす覚悟を持った人が多い。しかし組織の一員としては、自らの担当する問題以外に関しては、介入も発言も出来ないし、知識も不十分な場合もある。

そこで前記の決定文に関係した人々や、さらに彼らから紹介された担当者等に行脚し、そうして得られたインタビューの内、本書のテーマに有益なものだけを三つ選び出して並べた。そして、それらを二人の民間有識者との対談で挟み込む形式にした。

何故なら、本書を前著と同様に〝不思議な思索の旅行記〟としても楽しんで頂き、また読者の皆様にも私の問題意識を共有し、より深く考えて頂くためである。

本書を手にとってくださった方々に考えて頂きたい最も重要な問題は、プライバシーや人権と生命の、どちらが大事かということである。本書が私にとって最も苦労感の多い作品になった理由も、省庁縦割り問題だけではない。むしろ現代日本では、プライバシーや人権が、過度に尊重され過ぎている。そのため担当の官僚の方々も、慎重にならざるを得ない。というより彼らの思考も現代日本の多くの人々の思考に強く影響され過ぎてしまっている。

このような状況を改善し、プライバシーや人権より生命——テロや犯罪の事前防止の方が重要であるという方向に、日本社会全体の意識を変える必要がある。それをするのは誰でもない。本書を手にとってくださったあなたである。

自分や自分の愛する家族や友人の生命を守るのは、最終的には消防でも警察でも自衛隊でもない。他ならぬあなたが最終的な責任者なのである。

アイルランド独立テロ問題を抱えていた英国は、９１１事件以前から公共交通機関の壁等に

「Your safety depends on yourself」と書いてある。繰り返し言う。プライバシーや人権より生命――テロや犯罪の事前防止の方が重要であるという方向に、日本社会全体の意識を変えるのには、まずあなたが、そのような意識を持つ事が重要である。そして、それを周囲の人々に共有して行く努力をすることが…。

そうして社会全体の意識が変わり、本書で提言されるような諸問題が進展するようであれば、日本社会の安全・安心を、より高め永続させることが出来るに違いない。何度でも繰り返す。それはあなたの責任なのである。

２０１８年９月

吉川　圭一

インターネットでサイコ型テロの芽を摘めるか？

【インタビューの目的】

２０１８年２月中旬、インターネットを通じて日本大学危機管理学部の安部川元伸教授と左記のような対談を行った。安部川元伸教授は公安調査庁に長く勤務され、今はインターネットを通じてテロ集団が若者を操ってテロを行わせたりする現象の研究等では、日本の第一人者の一人である。「若者の現代社会への不満が何らかの形でインターネットによる影響を受けて激発する現象という意味で、テロも政治目的なき大量殺人等も同じものではないか？」という私の問題意識を深めるために非常に勉強になった。多くの方々の参考になれば幸いである。

講演を行う安部川元伸教授

【インタビューの内容】

１　インターネット関連企業の持つテロ関係情報

吉川　グーグル社等は顧客の検索履歴と顧客本人（名前、住所等）を、アカウントやＩＰアドレスを使って結びつけているのでしょうか？　それを公安調査庁を含む日本や米国の情報機関や法執行機関は確認しているのでしょうか？

安部川　インターネット関連企業が危険なウェブサイトの抹消に日々努めているということを考えても、この種の企業は、顧客に関する情報を保持・蓄積していることは確かです。米国のＦＢＩ（連邦捜査局）などもしっかりした令状を出せば、企業側も情報を提供せざるを得ないと思われます。問題は、緊急な場面で令状なしに情報提供を求められるかということで、これについては最近では、令状に代わる召喚状のようなもので代行できる改編について、まさに米国議会でも論争の的になっていたと思います。

英国でも２０１６年11月に「調査権限法案（Investigatory Powers Bill）」を成立させ、インターネット関連企業にユーザーのウェブ・データを1年間保存させ、要請があれば法執行機関に開示するよう義務付けました。こうした法律ができてもグーグル社やアップル社などは猛反発していますが、メタ・データの提供については既にテロや犯罪防止のための合意ができていると聞いています。

捜査機関は自動的に顧客のアクセス情報等を見られるということではなく、きちんとした手続きが必要なのではないでしょうか。

公安調査庁はこの種の情報は扱っていませんが、先進国の治安・情報機関はこれに携わっていることは事実だと思います。また、スノーデンの告発――米国のＮＳＡ（国家安全保障局）による個人情報収集の手口の告発で明らかになった以降も、米国のＮＳＡやＣＩＡ（中央情報局）、その他の情報機関は、引き続き何らかの方法で企業や非友好国、同盟国に対しても非公然情報の収集を行っていると思います。

吉川　先日の先生のご講演では、心理学を駆使して人の過激化の段階を分析することも、米国等では行われているようだとのことですが、誰かが危険な段階まで進んでいるかどうかを、コンピュータや心理テストを使って測定することを米国等では行っているのでしょうか？

安部川　テロ組織は、警察にとって最も摘発が難しい一匹狼型テロリストを獲得しようと狙っています。治安機関も色々と対策を講じているとは思いますが、テロリストは暗号を使いますし、相手組織内に有力な情報源を確保しない限り、事前摘発は難しいのが実状だと思います。

まず標的を絞り込むことさえ困難な状況です。ＮＳＡのように何万という通信傍受の専門家を配置することもできません。心理テストの結果も裁判で証拠としては使えません。CIAやFBIに潜入していたテロ集団のスパイも長期にわたって摘発できませんでした。捕まったのは、ヒューミント情報（諜報活動）がきっかけでした。

吉川　もし怪しい人物をある程度でも特定できた場合に、その人物がどれくらい過激化の段階の危険度の高いところまで上がってしまっているか（あるいは思ったより低い段階にいて安全か）ということは、コンピュータや心理テストで見抜くことは理論的には可能なのでしょうか？

安部川　心理学的データは過激化したあとに拘束された人間を直接調べて得た情報を元に割り出したものだと思います。そのあとのデータベース作成でコンピュータを使ったとして、過激化の度合いを計算

Georgetown University の Fathali M.Moghaddam 教授論文「The Staircase to Terrorism」に基づき吉川が作成した図

するまでは進んでいないのではないかと思います。あるいは専門家がプログラムを開発しているかもしれませんが、今のところ成功例はあまり聞いたことはありません。

吉川　ただ政治目的なき異常犯罪等に関しては心理学的危険度の分析も進んできたようなので、私としては検索履歴等から危険度を測定することは、今後、十分あり得ると期待しています。

しかし検索履歴と顧客の名前、住所が結びついているとして、検索内容から当該人物がテロを起こす危険が高いと判断出来ても、グーグル社等は（日本の場合）個人情報保護法によって、そのことを外部の治安機関や自治体等に知らせることは出来ないと考えられているようですが、この問題について、新しい法解釈や新しい法整備等が考えられないでしょうか？

安部川　こうした個人情報を捜査機関にすべて与えてしまえば、通信の秘密を保護するという大義名分を掲げているインターネット関連企業は、その責務を果たせないことになるとの危機感を抱いています。しかし、企業側の本音は、営利企業である以上、相手が政府や警察であっても、情報をむやみに提供してしまえば、自社製品は完全に市場の信用を失い、もはや売ることができなくなるということでしょう。そのあたりの本音の部分と捜査への協力との兼ね合いをうまく処理できれば、双方Ｗｉｎ－Ｗｉｎの関係で丸く収めることができると思います。またその努力も求められます。

2 インターネット関連企業が持つテロ関係の情報提供に関する諸問題

吉川 しかし今までも、営利目的誘拐やネット上の自殺予告等に関しては、人命を守るための緊急避難として、インターネット関連企業を含む通信事業者は、警察に情報提供を行ってきたと認識しています。それと同じような形で、従来の法律の枠の中でもインターネット関連企業にテロ予備軍的な人物に関する情報を提供してもらうことは、可能なのではないでしょうか?

何れにしても警察が気付いてインターネット関連企業に問い合わせなくとも、検索履歴だけで〝怪しい〟とインターネット関連企業が判断した人物に関して、何らかの団体――例えば社会に不満を持つ若者の相談に乗るNPO法人等に積極的に情報提供する仕組みを作れば、テロその他の重大事件を未然に防ぐために、非常に効果的なのではないでしょうか? これも緊急避難や、あるいは〝近所に不審な若者が住んでいる〟といったことを一般人が交番に相談に行ったりすることと同じで、現行法でも不可能ではないのではないでしょうか?

それとも先生は、ブラジルの反テロ法のような新法があった方が望ましいとお考えでしょうか?

安部川 犯罪者を尋問するのではないので、情報を持っている人に情報提供を求めるのは、飽くまでも任意で行われるべきでしょう。容疑者でない人が情報提供を拒否しても、何ら罪に問われることはないのです。公安調査庁は強制力がありませんから、調査官は情報入手に当たっては知恵を絞って様々な方法を考えます。基本的には相手との人間関係を構築するのが、効果的です。インターネット関連企業も、それぞれ情報を持っているでしょうが、拒否しても違法ではないので、警察の顔をうかがって、進んで情報提供することもしたくないでしょう。情報が必要であれば、むしろお願いベースで頭を下げて協力を頼めば、逆にイヤとは言えなくなるのではないでしょうか。特別な仕組や新たな法律を作る必要は、ないと思います。

吉川　ブラジルの反テロ法には、そのような民間からの情報提供や通信傍受の強化等も含まれていたのでしょうか？

安部川　当時の政府は、まずテロの定義をきちんと定め、この場合はどのような罪に該当し、量刑は何年かを明確に定め、この法律が決して市民運動や労働運動などを弾圧するものではないということを明らかにしました。それで国民も納得して法案を国会通過させることができたのです。テロリストを事前摘発できたのは、情報機関に通信傍受の権限が認められているからで、このおかげで、２０１４年のサッカーワールドカップの頃から、既に数百人の容疑者を監視下に置いていました（容疑者10人：逮捕後の同国法務大臣の発言）。主にブラジルの「ＢＩＮ」という情報機関が主体になって情報収集していたといわれます。

３　テロと政治目的なき大量殺人等を同一視して良いのか？

吉川　私の問題意識が、国際テロと一昨年の相模原市における障害者施設殺傷事件や昨年の座間市における大量殺人・死体損壊事件等とを別のものと考えるのではなく、同じ「現代における心の闇から起きる犯罪」として、一括して考えるべきではないか？——というものです。何れにしてもブラジルのように単にテロだけではなく、精神異常者による大量殺人まで含めた防止法を作るとしたら、その方が一般の人々等の理解が得やすいとお考えでしょうか？　それとも単に〝テロ〟より定義が難しくなるため却って実現が困難になるとお考えでしょうか？

安部川　国際テロと相模原市における障害者施設殺傷事件、座間市における連続殺人事件との関連性についてのご質問ですが、犯罪もテロも人間が行う行為だけに、ご指摘のとおり人の心の闇が事件を引き起こす原因であることに間違いないと思います。障害者施設の事件は、日頃から抱いている鬱屈した不満が徐々に嵩じ、社会に対する憎悪となって、弱い立場の患者を殺害し、これによってストレスを解消するという異常な事件となりました。ここまでは犯罪もテロも、同じ経過を辿っています。ここからテロリストが登場します。テロリストが探しているのは、まさにこの類の人物だと思います。テロリストがこういう若者を発見すれば、緻密に計画を練って、警察に探知されないように気を配りながらリクルート、過激化の作業を始めます。

欧州、中東、東南アジアなどには、多くのリクルーターが潜んでいるので、こうした事例には事欠きません。

テロとの戦いが進み、テロリストが動きを封じ込まれている現況下、ＩＳ（イスラム国）もアルカイダも組織の温存のため、ウェブサイトに過激な宣伝ビデオを流し、これに共感する若者を取り込もうとしています。すなわち、対象者を組織と直接接触させず、自己過激化させて全く独立した形でテロを行うよう仕向けています。テロが起きればＩＳは、自分の組織の戦士が実行したとの声明を出します。テロの内容、手段が自分たちがウェブサイトに流したものと共通したところがあれば、自組織の成果として発表するのです。欧州などで発生しているテロは、このパターンが多いです。

昨年メディアに流れたハムザ・ビン・ラディンの声明の中でもホームグロウン・テロ（自国産テロ＝国外の組織が起こすテロリズムではなく、国外の過激思想に共鳴した、国内出身者が独自に引き起こすテロ）の重要性を強調していました。テロの規模、手段は問わないとし、武器も銃器に限らず身近なもの何でも使えと言っています。身動きできないテロ組織にしてみれば、危険を軽減できる最良の方法が、ホームグロウン・テロリストの養成ということになるでしょう。

そういう観点で考えると、欧州や中東の若者と同様、日本でもオンライン・リクルートによるホームグロウン・テロの火種は、常に存在するということです。

なお、テロ法の制定については、警察の捜査を優先するのではなく、テロに限定させるべきと考えています。テロとは関係のない２７７もの犯罪を対象にした昨年の「対テロ共謀罪」は国民の承諾を得たとは言えないと思います。ブラジルのように、対象をテロに限定し、その他の犯罪については別に法制に取り組むべきというのが私の考えです。

吉川　それでは先生のお考えでは、インターネット関連企業等と法執行機関等が情報を共有して大量殺人等を未然に防止するには、例えば日本版反テロ法のようなものを先に作って、それを運用しているうちに偶然テロ集団とは何の関係もないが、社会に不満を持って大量殺人を起こそうとしている若者の存在が分かったら、彼が犯罪を起こす前に対策を取るような行き方の方が、現実的ということでしょうか？

安部川　大量殺人でもテロの範疇に入るものと、入らないものがあろうかと思います。テロについて世界に共通する定義というものはありませんが、少なくとも各国で共通していることは、その行為に政治目的が含まれているか否かだと思います。政府を転覆するとか、政権を倒して共産主義国家をつくるとか、ＩＳのようにカリフの国を作るかということが、いわゆる政治目的ですね。政治目的がない暴力集団が大量殺戮を行っても、自分のライバル組織を破壊するとか、麻薬その他の抗争で縄張り争いをするというようなことは、例えテロ法があっても適用はできないと思います。テロの定義付けは難しいですが、犯罪をどういう法律で裁くかを考えた場合、テロに関しては従来の刑法では対応できないのではないでしょうか。その点、民主団体などから拡大解釈の抑制という力が働くのも当然のことです。シンガポールやマレーシアには、若干修正されましたが、テロリストを令状なしで予防拘束できる「ＩＳＡ（Internal Security Act：国内治安法）」という強力な法律があり、これは西側から批判されていましたが、両国では実効を上げている頼もしい法律です。テロを阻止するには、的確な情報を得て容疑者を予防拘束することで、かなりの成果を上げられると思います。もちろん間違えれば、重大な人権侵害となります。したがって、かつて日本でも議論の的になった「保安処分」を法制化するのは、現代の日本では全く不可能です。日本はまだ大規模テロの洗礼を受けていませんので、テロ法不要論も根強いと思われますが、もしオリンピックやＧ20サミットなどがテロに攻撃されれば、状況は大きく変わると思います。

吉川　今までのお話を総括すると、世論の盛り上がりが何らかの形であれば、新しい厳しい法律を作ったり、あるいはネット関連会社から、自主的に情報提供が行われるようなことも、期待できるのではないか？――というのが先生のお考えと理解して宜しいでしょうか？

安部川　ご指摘のとおりだと思います。しかし、そのためには手順が必要です。私の見解は、日本の社会がまだ成熟していないということに尽きると思います。北朝鮮のミサイルの問題でも、まさか核弾頭を装着したミサイルが東京に飛んでくるはずがないと、まるで人ごとのように考えている人が多いのも、そのことを裏付けていると思います。平和を享受するのは幸せなことですが、何かの間違いか弾みでスイッチが押されてしまう可能性も、ないわけではありません。

しかし、政府なり有識者なりが、危機管理というものがどういうもので、災害にしろ戦争にしろテロにしろ、この世から完全に無くなることはなく、まさかのための備えが必要であること、備えておかなければ、多くの生命と財産が一瞬にして失われてしまうこともあるということを教育し、啓発していく必要があると思います。

これを軍国主義復活とか右傾化とか批判するのは、全くナンセンスだと思います。皆が守ろうとしている生命や財産には、批判している人のものも入っているのです。話し合いで納得してくれる相手だけとは限りません。テロリストや一国のリーダーの中にも、人を殺すことは何でもないと思っている人がいます。国際政治の機微を理解していないと、とんだ目に遭う可能性もあるということです。

法制にしても制度改革にしても、それを行う前の説明と説得（相手の理解力を高める作業）に根気よく、より賢く取り組まねばならないと思います。政府側にその企画力、説明能力に欠けているという印象が、国民の間に既に根付いてしまっていると思います。

インターネット関連企業も、情報を出すことによって多くの生命が救われると理解したとき、自らの責務として自然と情報提供するようになるのではないでしょうか。

4　テロや大量殺人等の加害者予備軍へのカウンセリング

吉川　私の拘っている国際テロ組織とは無関係であるが、大量殺人を計画している悩める若者等に関しても、インターネット関連企業の問題は、同じと考えて宜しいでしょうか？

安部川　大量殺人を狙っている若者たちの動機が何なのか、大量殺人の目的は何なのかということです。彼らもテロリストに引き込まれれば、テロと解釈されて厳しく取り締まられるでしょう。彼らがテロリストの接近を受け入れるか、主義が違うからと言って拒否するかどちらでしょうか。そこが分かれ目ですね。ご心配の点はよく分かります。人が大量に死ねば、周りはテロか犯罪かと四の五の言っていられません。同じ人間がすることです。しかし、動機が分かれば、政府や社会が取り組むべき方向も、見えてくると思います。これからの研究テーマです。

吉川　それでは大量殺人を行おうとしている若者が国際テロ組織に関係あるようなら「テロ等準備罪」その他で対処すれば良い。しかし単に心に強い現代社会への不満を持っているだけの若者なら、新法を作るなりしてカウンセリングを受けるように指導したり、あるいは従来の措置入院等の方法で対処すれば良い。もし「保安処分」が実現できるとしたら、それを使っても良い。そういうお考えでしょうか？

安部川　そうですね。法執行の基本理念は、「罪を憎んで人を憎まず」という精神であるべきと思います。罪を犯す目前の人がいれば、身を投げ出してもそれを阻止し、その人が罪を犯さないように導いていかなければなりません。したがって、犯罪の計画があっても、思い止まらせる余地があれば、ただ機械的に予備・陰謀罪として罰するのではなく、状況に応じて救いの手を差し伸べることも必要だと思います。むしろ血の通った司法の在り方を重視した、性善説的な処理の仕方があってもよいと思うのです。法律とは、「情を絡めてはならない」、「冷徹に執行されなければならない」とするのが通常の考え方かもしれませんが、矯正という立場から考えた場合、犯罪は起きないに越したことはないし、可能な限り未然に防いでやるのが、法執行機関にとっても、最も理に適う対応ではないでしょうか。

サウジアラビアをはじめ欧州の主要国にも、シリアからの帰還戦士（テロリスト）にリハビリを施し、社会復帰させるプログラムがあるそうです。改心して過激思想を捨て、元の組織の情報を提供することが求められます。厳しく罰するだけでなく寛容な政策がとられています。それでテロリストに裏切られて、自爆テロリストを執務室に招き入れて、危うく殺されそうになったサウジアラビアのナーイフ内務次官（当時）の例もあり、注意しなければなりません。ただ、日本では保安処分は国会を通過しないと思いますが。

何れにしても欧州やサウジアラビアの帰還テロリストのためのリハビリ・プログラムにも通じる仕組みが、我が国にあっても良いでしょう。

吉川　その仕組みとは？

安部川　リハビリ・プログラムは、サウジアラビアが２００４年くらいから続けています。テロで死にそうになったナーイフ王子が主導し、12段階のプログラムで更正させ、社会復帰を目指します。芸術を利用し

サウジアラビアの治安を研究するナーイフ・アラブ治安科学大学（安倍川教授撮影）

たセラピー、スポーツ、心理学者、宗教家との対面で、洗脳された部分を治していくというものだそうです。詳細は秘密になっています。実効性には批判もあるようで、国や市民のためではなく、支配者の王家のためのものという批判があります。

欧州では、英国が２００７年から反過激化、反暴力的過激主義という形で総体的な取組を始めました。治安に関してコミュニティとの協力を基本として過激化、テロを防いでいくというやり方ですが、貧しい移民家族に対する援助も盛り込まれ、若者が過激派に引き込まれないように手を尽くすという形です。政府のみでなく、ＮＧＯ等の活動も期待されています。

吉川　お忙しい中、本当に色々とありがとうございました。

【インタビューのまとめ】

このインタビューから次のことが読み取れると思う。

(1)　諸外国の動向を見ても、グーグル社やヤフー社のような会社は、組織に関係せず自分一人でテロや大量殺人を行うため、ネットで関連の情報を頻繁に検索しているような人物を特定することは可能な筈である。

(2)　だが、その情報をテロや大量殺人の未然防止のために法執行機関等に共有してもらうには、個人情報保護の問題もあれば、出来るだけ事前に情報を渡してもらう必要もあることから、グーグル社等の自発的協力に期待するしかないのではないか？

(3) またテロと一般の大量殺人等では犯行の態様や動機等が異なるため、同じ法律で対処するべきではないのではないか？

(4) ただ欧州やサウジアラビアで行われているような、テロリストになりかかった若者を正常に戻す心理学等を駆使したプログラム等は、テロだけではなく大量殺人を起こそうとしている若者等にも応用可能かも知れない。

そのために重要とも思われる「保安処分」（予防拘禁）に関しては、日本で実現するのは今までの経緯からすると非常に難しい。しかし諸外国ではテロに限ってなら前例もあり、とても役に立っている。

以上である。ここからは私の私見であるが、長く法務省に勤務された安部川氏に、法律素人の私が反論するのは問題あるかもしれないが、やはり「大量殺人防止法」のような法律を作り、テロも政治目的なき大量殺人等も同様に情報を集め取り締まるようにする方が、望ましいように思う。法律的整合性の問題はあるかも知れないが、その方がテロへの危機感が少ない日本で国民の理解も得やすく、またグーグル社等の自発的な協力を促すのにも効果的なのではないだろうか？　安部川氏も国民やインターネット関連企業の意識こそが重要だと述べている。これからも私は、そのような方向で研究・調査を進めたいと思う。

資料１　座間市の事件の再発防止に向けた関係団体を「つなぐ場」

下の図は首相官邸ホームページ「座間市における事件の再発防止に関する関係閣僚会議」の中にある２０１７年12月18日の議事次第・配布資料の中の資料６「総務省提出資料」(https://www.kantei.go.jp/jp/singi/zamashi_jiken/kanjikai_dai2/siryou6.pdf) から一部抜粋したものである。

２０１７年10月に神奈川県座間市で起こった自殺志願者等に対する大量殺人・死体損壊事件の再発防止のため、同年12月12日に「つなぐ場」なるものが総務省総合通信基盤局の主催で開催された。それは自殺対策に取り組むＮＰＯ法人、ＳＮＳ事業者および検索事業者が、それぞれの自殺防止に関する取組等を情報共有し合う場であった。そこで参加した各ＮＰＯ法人と事業者が、各自の自殺防止に関する取組等を紹介するとともに、連絡先の交換等を行った。しかし今後の展

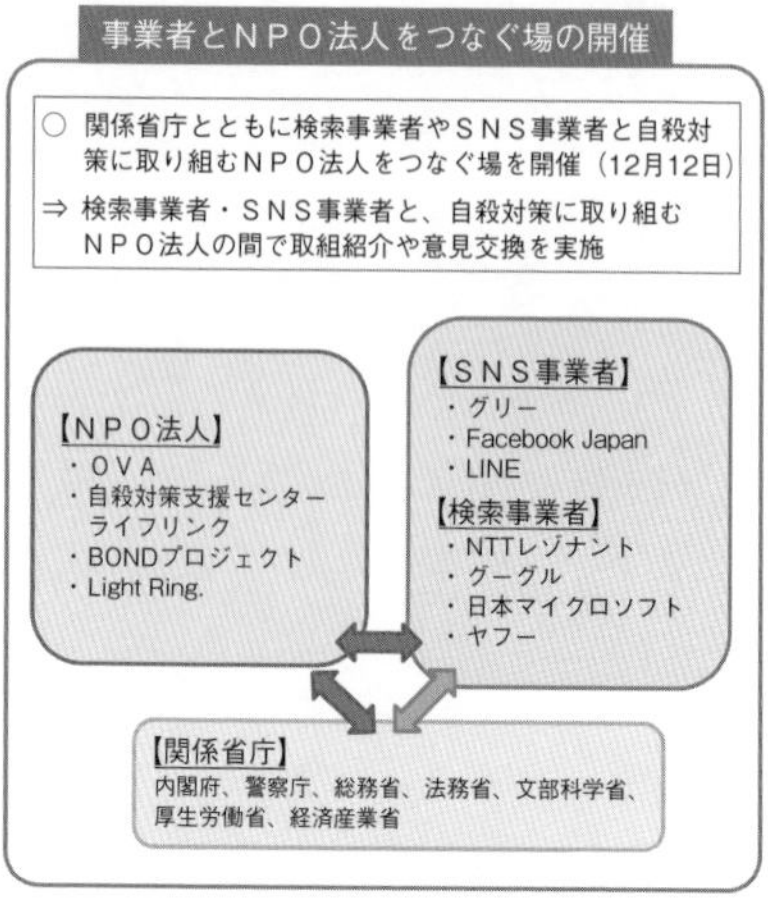
事業者とＮＰＯ法人をつなぐ場の開催
○ 関係省庁とともに検索事業者やＳＮＳ事業者と自殺対策に取り組むＮＰＯ法人をつなぐ場を開催（12月12日）
⇒ 検索事業者・ＳＮＳ事業者と、自殺対策に取り組むＮＰＯ法人の間で取組紹介や意見交換を実施
【ＮＰＯ法人】
・ＯＶＡ
・自殺対策支援センターライフリンク
・BONDプロジェクト
・Light Ring.
【ＳＮＳ事業者】
・グリー
・Facebook Japan
・LINE
【検索事業者】
・NTTレゾナント
・グーグル
・日本マイクロソフト
・ヤフー
【関係省庁】
内閣府、警察庁、総務省、法務省、文部科学省、厚生労働省、経済産業省

開等に関しては、検討中とのことであった。

ここからは私見だが、このようなネット事業者同士、あるいはネット事業者と悩める若者の相談に乗るＮＰＯ法人とを結びつける「つなぐ場」等を、例えば国際テロ等や座間市における事件も含む大量殺人等に関しても頻繁に行うべきだと思う。そうすれば、インターネット関連企業が検索履歴等から犯罪行為の準備を察知して、悩める若者の相談に乗るＮＰＯ法人に通報して、そうした事件を起こしそうな若者をカウセリング等で正常に戻し、犯罪行為を未然に防ぐことも容易になるのではないか。まさにインターネット関連企業による、テロや犯罪防止に係る自発的な意識を向上させるのである。

そうした「つなぐ場」を増やすように政府に働きかけて行くことが、自らの愛する家族や友人を、テロや大量殺人から守りたいと考える日本国民の、責務ではないだろうか？

付記：２０１８年8月24日、米国国土安全保障省（ＤＨＳ）とＦＢＩは、外国からの中間選挙介入防止のため、フェイスブック、マイクロソフトその他の大手ネット関係企業との会議を開催した。これは米国版選挙介入防止版の「つなぐ場」とも考えられる。このような行き方が広がって行くことを願って止まない。

第2章

日本警察の現状における介入能力の本質と限界

【インタビューの目的】

２０１８年2月21日、警察庁生活安全局情報技術犯罪対策課課長補佐の樋口陽介氏にインタビューをお願いした。私の今の問題意識は、テロや政治目的なき大量殺人、自殺等を分けて考えるのではなく、同じように現代人の心の病の表れであり、それが色々な意味でインターネットと関わっているというものである。そこでテロであれ、政治目的なき大量殺人であれ、自殺であれ、インターネットとの関わりをうまくすれば予防ができるのではないかと考えている。そこで２０１７年10月に神奈川県の座間市で起きた、自殺志願者を呼び寄せて、大量殺人を行い、さらに死体を損壊するという

インタビューの行われた警察総合庁舎

事件に関して、２０１７年末に内閣官房が中心となって色々な再発防止策を取りまとめられた際に参加した警察側担当者の話を伺うことは、非常に有意義ではないかと思われたからであった。

【インタビューの内容】

１　犯罪や自殺を示唆する投稿へのインターネット関連企業と警察の対応

吉川　２０１７年10月に神奈川県の座間市で起きた、自殺志願者を呼び寄せて大量殺人を行い死体を損壊するという事件に関して、同年末に内閣官房中心で色々な再発防止策を取りまとめられましたが、樋口様は警察側からそれに関係されたと理解してよろしいですか。

樋口　はい。

吉川　色々な書き込みの削除等の問題もあったようですが、私の関心がございますのが、ただ単に「死にたい」だけではなく、何月何日にどういうやり方で自殺をする、俺はこれだけ悩んでいる――ということがツイッター等にあがっていた。どこの誰かは分からないけれど、人命だから助けなければいけない。そういう時に警察は、どのように動かれるのでしょうか。

樋口　そうした書き込みを警察が認知する場合は、その書き込みを見た人からの１１０番通報や相談になるのです。それを警察が認知して、警察の中で、これは緊急性がある、本当に日時や場所が特定されていて、逼迫している状況があるということになれば、その発信者情報を求める必要があるので、それをプロバイダーに掛け合って、こういう事情があるので、これを書いたのは誰かというのを、まず確認するということを行っています。

吉川　ツイッターへの書き込みだとしても、プロバイダーなのでしょうか。

樋口　ツイッターだとすれば、ツイッター社に依頼が行く形になります。

吉川　そうするとツイッター社は、この書き込みをした人は、どこの誰ということは分かっているのでしょうか。

樋口　ツイッターを本名で利用しているわけではないとしても、そのアカウント登録情報ですとか、その書き込んだ時のＩＰアドレスはツイッター社の方で把握できるという形になります。

吉川　書き込みの時のＩＰアドレスは分かる。そうすると自宅のパソコンであれば自宅の場所が分かるのですね。

樋口　はい。

吉川　そうすると、グーグルで年中検索をしている人が使っているパソコンのＩＰアドレスは、グーグル社は分かるのですか。

樋口　少なくとも技術的には分かるはずです。

吉川　ただ、それらは本来は民間企業の顧客情報なので、簡単には出したらいけないものではないでしょうか。電気通信事業法とか、憲法の規定上問題があるのではと思われますが、それについて法律的には、どう考えられているのでしょうか。

樋口　おっしゃるとおり、そういった情報というのは個人情報であると同時に通信の秘密にかかる情報になりますので、おいそれとは出せません。一方、自殺予告事案というのは緊急性がありますので、その辺を整理したものが2005年にインターネット上の自殺予告事案への対応に関するガイドラインとして、警察ではなく、電気通信関係の事業者団体の文書として出されています。その中でポイントとなるのは、緊急避難に当たるかどうかです。自殺をしそうで、それを防ぐには発信者情報を開示して、その人を助けに行くしかないという判断が出来るような場合については、警察からの要請に基づいて、そういう情報を警察に出しても良いという整理がされています。実際に電気通信事業者なり、ツイッター社も含めたサイト管理者は、こういったガイドラインを参考にして、情報を出している形になっております。要するに法的に何が——というと刑法上の緊急避難にあたる、ということですね。

吉川　今はナンバー・ディスプレイとかありますけれども、何年か前まではよく現実の事件で

インターネット上の自殺予告事案への対応について

インターネット上の自殺予告事案を認知した場合の流れ

警察においては、人命保護の観点から緊急性の高い（書き込み内容等から自殺決行の時期が切迫している等）インターネット上の自殺予告事案を認知した場合、プロバイダ等への協力依頼を行い、発信者の人命救助を行っている。

認知
- インターネット利用者やサイト管理者等からの通報により認知

照会
- 発信者の特定のためのプロバイダ等への発信者情報（契約者住所、電話番号等）の開示に関する協力依頼※

人命救助
- 発信者宅等に赴き人命救助

※ プロバイダ等への協力依頼
　プロバイダ等は、電気通信事業者4団体が策定している「インターネット上の自殺予告事案への対応に関するガイドライン」に基づき対応。

発信者情報の開示を受けた自殺予告事案への対応状況

	H27	H28
既に自殺により死亡	4	3
既に自殺を図っていたが、救護等により存命	3	5
自殺のおそれがあり、説諭等を実施し、自殺を防止	43	43
いたずら等自殺のおそれがないことが判明	93	79
書込者が判明せず	17	26
合計	160	156

（単位：延べ人数）

座間市における事件の再発防止に関する関係閣僚会議 幹事会（2017年11月17日）警察庁提出資料②（首相官邸ホームページ http://www.kantei.go.jp/jp/singi/zamashi_jiken/kanjlkai_dai1/siryou2.pdf）の一部を加工

もテレビドラマの中でも、営利目的誘拐の時などは、電話の逆探知を警察はされていましたけれども、あれも同じ法理論なのですかね。

樋口 逆探知の法理論がどうなっているかというのは、直ちに正確に申し上げる知識はないのですが、緊急避難ということで、一定の措置が出来ることは十分あり得るとは思います。

2 検索履歴から大量殺人等を未然に防げるか?

吉川 例えば営利目的誘拐だったら、もう起きているわけですよね。それに対して、今私が問題意識として持っているのは、まだ事件が起きていないけれども、例えばテロでも、大量殺人でも、自殺でも、それも組織的にではなくて一人でやろうとしている段階です。最近、欧米でもいわゆる一匹狼型のテロ――国際テロ組織に所属していないけれども、インターネットで、そういう団体の色々な宣伝を見て、俺もイスラム系で差別されてきたからやってやろうか――と考えて、爆弾の作り方や車両を使ったテロのやり方等を調べたりしている段階で、米国の場合は、そういうテロをやった人がいかに悲惨な人生を辿るかであったり、テロは格好悪いことなのだということがわかるリンクが検索結果に出てくるようにするなど、グーグル社もNPO法人等と協力して行っています。

いずれにしても一匹狼型テロはもちろん、政治目的なき大量殺人あるいは自殺をしようとしている人にしても、そういう自分の行動を正当化するような思想とか、更にもちろん手口――どうすればたくさんの人を殺せるかなどを調べたりします。昨年10月の座間市の事件では、犯人が事前に死体損壊のやり方などを随分インターネットで検索したと言われています。

グーグル社やヤフー社だったら、ある人がこんなに一杯、テロや犯罪の手口に関することを何度も検索していたら、人工知能を利用して、これは僕みたいな人間が調査のために検索しているわけではなくて、本当に実行する気なのではないかと疑うことができるのではないか。そういう時にグーグル社が、この人は危険だということで、例えば精神的に悩んでいる相談窓口のバナー等を出したが、クリックしてくれない。では、そういう相談に乗ってくれるNPO法人と情報を共有して、NPO法人のカウンセラーの人にコンタクトを取ってもらう。あるいは、最悪の場合は、警察と情報を共有して大量殺人を止めてもらう。そういうことにまで緊急避難は応用可能なのでしょうか。先のツイッターの例などは、いかがでしょうか。

樋口　現状の仕組みをそのまま当てはめることが出来るかというと、すぐさま出来ますという話にはならないと思います。今のは緊急避難に限って認めているということになりますので、緊急避難に当たるかどうかという検討は、必要だと思います。もし本当に犯罪行為をやるぞという書き込みがあった場合、一つ考えられるのは、それ自体が例えば威力業務妨害に当たるということです。令状を取って捜査という形で接触するのが一つ考えられます。実際、どういったものを具体的に想定されているのとかによって対応は異なりますが。

吉川　一方で、今の世の中に不満があるから、何かやってやる等とネット上で書いたりすることを一切しないで、ただもう本気で犯罪を犯すつもりで、一人でグーグルとかヤフーで検索をしている人もいます。グーグル社やヤフー社が検索結果を見て、本当にやりそうだと判断できたとする。IPアドレスから住所も分かっている。何とか止めないといけない。その人のパソコン画面等に悩みの相談窓口のリンクを、いくらポップアップ（出しても）してもクリックしてくれない。そういう場合に、グーグル社やヤフー社が、心が病んでいる人の相談に乗ってくれるNPO法人や、警察に対して情報共有が出来るのでしょうか。

樋口　今のお話だと検索履歴のみから判断して、警察なり捜査機関が対象に対して接触する、ということですよね。それは監視社会の話にもつながり、難しいのではないでしょうか。

吉川　間にNPO法人が入れば、どうなのでしょうかね。

樋口　NPO法人が実際に、接触するということですか？

吉川　グーグル社は、例えばこのIPアドレスの人は大量殺人をしそうだと判断したら、NP

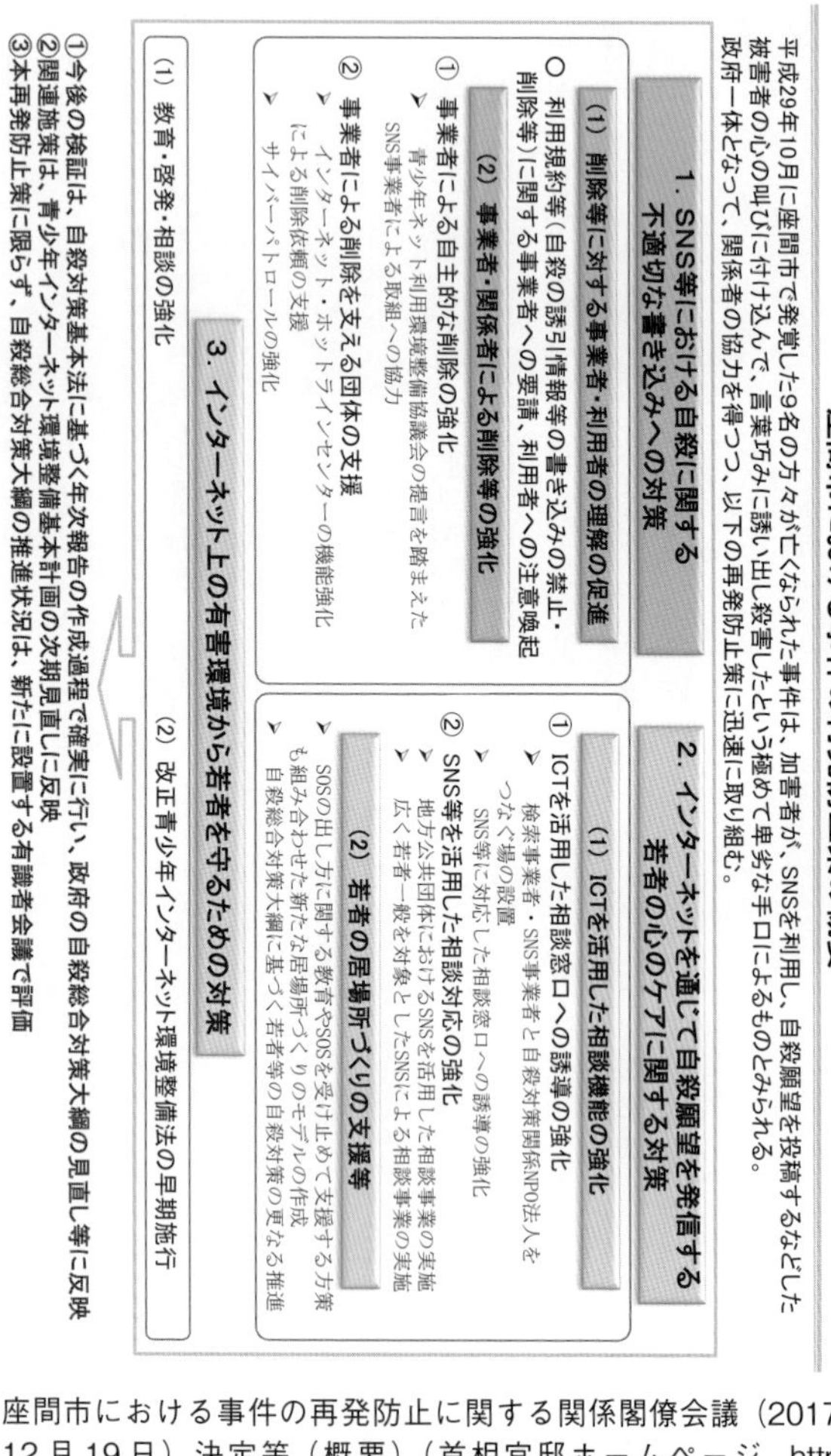

座間市における事件の再発防止に関する関係閣僚会議（2017年12月19日）決定等（概要）（首相官邸ホームページ http://www.kantei.go.jp/jp/singi/zamashi_jiken/kettei/siryou1.pdf）

O法人のカウンセラーに何とかしてよ――と情報共有する。そのNPO法人でどうにもならなくなって、はじめてNPO法人から警察に相談、通報が行く。こういう仕組みというのは、作れるのでしょうか。

樋口 その段階で、何等かの犯罪行為に当たるのか。当たらないとすると、警察が何のために対応することになるのでしょうか。

吉川 すぐ警察の協力を仰ぐことは出来ないにしても、NPO法人に大量殺人を起こしそうな人の情報を与えて、カウンセラーの人に行ってもらう。それは法理論上可能でしょうか。

樋口 それについては私共の方から出来るか出来ないかというところを答える立場にありません。現在行っているポップアップ等の表示を越えて、ということですよね。

吉川 ポップアップしても、クリックしてくれない場合についてです。

樋口 実際、検索していることを判断して、ポップアップというところまでは実施しているので、その検索をしたものに対してアクションをする――ということは出来る。という整理なのだと思います。

3　通信の秘密や個人情報保護との関係

吉川　ただ、どこの誰かが大量殺人等を起こしそうだ、それで例えば心が病んでいる人の相談に乗ってくれるNPO法人にその情報を渡すということは、やはり通信の秘密ないし個人情報の問題になりますよね。

樋口　それについては、総務省が答えられるのかどうか分かりませんが、少なくとも警察の立場から、そこについて明確にこうです――というのは申し上げることは出来ないと考えております。

吉川　総務省とも遣り取りしているのですけれども、総務省の見解を私の頭で理解した限りでは、例えば私と樋口様がGmailでやりとりをしていて、その中身を、この二人は何か一緒に悪いことをしているみたいだから――ということで外に出すということは、これは電気通信事業法上、グーグル社が自主的には出来ない。しかし、例えば僕が樋口さんに、ハンマーのような凶器になるものや、爆発物の原料になる化学的物質はどこで売っているかと、メールで聞きました。友達として、樋口さんが、僕が最近悩んでいるのを分かっていて、心配になって警察に相談に行きました――という場合と同じで、検索履歴だけだったら、外部に出せるというのが、一応、総務省の見解らしいのですよ。

但しIPアドレスや何かの関係で、どこの誰だということが仮にグーグル社に分かっているとしたら、そこで個人情報保護法に引っかかるのではないか？――という別の意見もあるのですけれども。

樋口　個人情報の問題だというのが総務省の回答なのでしょうか。

吉川　検索履歴というのは、言うならばグーグル社という会社に人が依頼してやってもらった調査の結果報告なわけです。それだけだったら通信の秘密には当たらない――というのが総務省の見解らしいのですが。

但しIPアドレスや何かと結びついて、どこの誰ということが分かってしまうと、個人情報保護法に引っかかる可能性があると言う人もいるみたいです。

樋口　個人情報保護法もそうですけれども、IPアドレスまで含めると、通信の秘密にも当たってしまうということではないのでしょうか。

吉川　むしろ個人情報保護法違反になる可能性があるらしいです。それに関しては個人情報保護委員会の方に聞きにいってくれという感じでした。まだ個人情報保護法委員会に聴いていないのですが、それは確かに引っかかるよと言われた場合には、さっき申し上げたようなことは法改正等が場合によっては、必要になるのでしょうか。それとも緊急避難の法理で解決できるのでしょうか。

樋口　これは警察の所掌外の話なので、正確ではないと思いますけれども、個人情報保護法の中でも、一定程度の除外規定的なようなものがあると認識しています。

吉川　厚生労働省関係者とお話した時も、個人の見解として同じことを言っていたのです。個人情報保護法には人命にかかる場合は例外だというようなことがあるはずだから、それでいけるのではないか――と話していました。

樋口　だから一定程度は、そこで抜ける可能性はあると思います。

吉川　そうなってくると2005年のネット関連会社同士の申し合わせの様なものが出来れば、さっき僕が申し上げたようなシステムというのは、不可能ではないと思うのですが。

樋口　理論上はあり得ると思います。ただ現状の考え方で申し上げると、そういう場合は、何らかの犯罪を構成する――という方向で処理すべき話なのではないかと認識しています。

4　警察が介入する根拠

吉川　例えばグーグル社とアマゾン社も随分データを交換していると言われていますけれども、実際にハンマーを買ったとか、刃物を買ったとか、車を盗むのに使えそうなものを買ったとか、そうなってくれれば殺人の準備をしている可能性もなくはないと思います。

樋口　そこは個別、具体の話になってしまうので、それにあたり得るということは、当然そういう予備罪があるものについてはあり得ると思いますけれども。

吉川　テロ等準備罪はどうでしょうね。

樋口　それも当然まさに準備行為を罰するために作ったものでしょうから、あり得るとは思います。ちょっと具体的に、どういうものが、どう構成されて、どれに当たるということを直ちに申し上げられませんけれども。

吉川　日本の社会は、まだテロに対する意識が弱いので、むしろ去年の座間市における事件ですとか、一昨年の相模原市における障害者施設殺傷事件を考慮して、大量殺人防止法みたいな法律を作った方が、国民が抵抗なく協力してくれるのではないでしょうか。そうなれば、グーグル社やヤフー社も、協力しやすいのではないでしょうか。例えば今回も座間市における事件に関して、総務省

殺傷事件が起きた相模原市の障害者施設「神奈川県立津久井やまゆり園」（神奈川県提供）

を中心とした「つなぐ場」というものが作られました。そこでインターネット関連企業同士ですとか、この場合は自殺防止の活動をしいるNPOですとかが、幾つも集まって、お互いの情報交換だけではなくて、では具体的にどう協力していこうか——と言う話にもなったと聞いております。

そういうことを、大量殺人対策として、警察庁か法務省が中心となって実施してはいかがでしょうか。先の「つなぐ場」は総務省を中心として一回行った程度ですけれども、定期的に行うようにする。そうなれば、2005年のガイドラインのようなものを、ネット関連の会社が自主的に作ることも、あるのかなと思ったのですけれども。

樋口　やはり何等かの法律に引っかかるという前提で、捜査機関が動くということはあると思いますけれども。それを越えて2005年のガイドラインのような形で組み立てて新しい整理をしていくという動きには、少なくとも今はなっていないという状況ですね。

吉川　ただ理論的には、そういう形でインターネット関連企業と、例えば犯罪防止のNPO法人等との「つなぐ場」みたいなことを警察庁や法務省なりが設けて、今回の自殺対策と同じような形で盛り上げていって、インターネット関連企業と防犯に取り組むNPO法人とを繋いで行く。グーグル社やヤフー社から犯罪防止NPO法人等に情報が行く様にすることは、例えば警察庁が、総務省が自殺問題に関してやった「つなぐ場」的なものを頻繁に行って、かつ個人情報保護法の改正なりが必要かどうか？　法律問題がクリア出来るとすれば、そこまでは何とか出来なくはない。理論上は、そういう風に考えてよろしいのでしょうか。

樋口　理論上は出来なくはないと思いますけれども、予定はないですし、犯罪を構成するものについて動けるというのと、警察なり捜査機関が見るという監視社会につながる問題があると思います。自殺の関係の話と違って、ハードルは高いと思います。

吉川　ですから最初は犯罪対策NPO法人に、グーグル社やヤフー社が情報を共有しました。そこのNPO法人から相談員的な人がメールであれ直接訪問であれ、大量殺人を考えて一人で黙々と検索している人のところへ接触しました。何回か接触して、これは危ないのではないか。そこで警察に相談しました。その場合は、どうなるのでしょうね。

樋口　その場合、警察は証拠等を見て判断をする形になります。個別にそういう相談が来た場合に警察が対応するのは、もちろん可能というか、警察としてやることをやるという形になります。警察の関与までひっくるめて、一つの枠組みとしてガイドラインを作ることになると、それは先ほども申し上げたようにハードルは高いと思います。

5　犯罪防止NPO法人等の今後の役割

吉川　逆にグーグル社やヤフー社と、NPO法人が情報共有出来るところまで来ました、と。そこまでは理論的には何とか可能ですか。

樋口　それは総務省なり、事業者の方で一次的にご判断される話だとは思いますが、それが可能だという前提ということですか。

吉川　個人情報保護法の改正が必要かもしれませんけれども。そこまで可能であるとして、NPO法人の人が実際に心を病んでいて大量殺人しようと思って、年中その方法を検索したりしている人に、メールなり直接訪問で接触しました。これは本当にやりそうだな、止められないな。そこで警察に相談に行きました。やはり一定の条件がないと警察としても動けないわけですか。

樋口　一定の条件と言いますと？

吉川　本当に何か、凶器になり得るものを買っているとか、そういうのが全然ないと、やはり難しいわけですか。

樋口　そこは個別、具体の判断になるので、こうではないと難しいとか、こうだと行けるというようなことは申し上げられないのです。その持ってきたものが殺人予備その他の罪名に触れるような話だという判断であれば、警察はしかるべき対応をするということ以上のことは申し上げにくいところですね。

吉川　やはり具体的に殺人の準備と思われるようなことをしていないと警察としてもすぐ介入ができない、と。ナイフ買っているとか。必要がないのに、借金してまで、小型トラックを買っているとか。小型トラックのレンタルは、まさに私が拘っている異常犯罪の典型――２００８年の秋葉原無差別殺傷事件から貸出要件の厳格化（大型の四輪自動車を借りる際には、クレジットカードによる決済を必須事項に加える）を行う動きが見られました。

樋口　具体的な行動がないと動きにくいのではないかと思いますが、あくまで個別、具体の判断になります。

吉川　例えば児童相談所の対象年齢になるような人だったら、児童相談所からの通報があった場合というのは、警察や医療機関というのは動けるのですよね？

秋葉原無差別殺傷事件に使用された小型トラックと事件現場

樋口　通報があれば対応することになります。

吉川　あるいはＮＰＯ法人だけではなく保健所とか、あるいはＮＰＯ法人を通じて保健所とか。その保健所の方から、この人すごい精神的に病んでいて危険だ——という話が来た場合には、どうなるのですかね。

樋口　どこからの相談であるか？　ということに必ずしも縛られるものではないと思いますけれども。

吉川　一昨年の相模原市の事件の犯人は、事件を起こす前に何週間か措置入院をさせられていますが、少なくとも保健所とか自治体とか、場合によっては警察が様子をみて、この人は本当に、そういう事件を起こしそうだという場合には、措置入院という手もあるわけですか。

樋口　それを警察の判断でやるかというのは、また別の話かなと思います。

吉川　やはり自治体ですかね。

樋口　そこは正確な知見がありません。

吉川　例えば犯罪防止のＮＰＯ法人でカウンセラーとして働いているような人には、普通のカウンセラーとは違う資格を、もちろん試験等を設けて取れるようにします。その資格を持つカウンセラーの人から警告があった場合には、警察なり自治体なりが、その人の身柄に対して措置入院なり、あるいは暫く凶器になるようなものを買ったりしないか、様子を見たりとか――ここまで来ると法改正が必要でしょうけれども、そういうことも考えられなくはないのではないでしょうか。

樋口 そういう法制度が理論上あり得ないか？――と言われると多分あり得るのだと思います。その辺は厚生労働省が、ご意見を持っていたりするのですか。

吉川 措置入院に関する厚生労働省への取材は、これからなものですから。

樋口 措置入院の関係については、私も知見がないもので恐縮です。

吉川 警察としては、そのような仕組みがなくても、例えば保健所がある人物の様子を見ていて、相当おかしいと判断された場合には、動けなくはないわけですよね。

樋口 そういう相談を警察の方で受ければ、自治体等と情報共有をしたりしながら、対応することになります。

吉川 相模原市における事件の犯人が、事件を起こす前に数週間措置入院をされた時というのは、もちろん法律上の主体は自治体であるとして、やはり実際に事件を起こされた施設が前に働いていた彼が怖い、危険だ――ということで警察にも来てもらって、自治体とも情報共有をして、専門医二人が、確かに良くないと判断し措置入院になりました。やはり警察は自治体や保健所と情報を共有しながら今もやっているし、今後も例えば法改正があれば、ＮＰＯ法人からの依頼とかについても、より警察は積極的に動けるようになるかもしれないのでしょうか。

樋口　それはあり得ると思います。警察としては犯罪の予防にも責任を持っております。それに資するような活動については、やっていくところではあります。

吉川　お忙しい中、今日は本当にありがとうございました。日本国民の安全・安心を守るために、これからも頑張ってください。私も少しでもお役に立ちたいと思っています。

【インタビューのまとめ】

以上のインタビューから以下のことが読み取れる。

(1)　ネット事業者はＩＰアドレス等を利用して顧客の住所等まで確認する技術を持つ。そこで２００５年以来、具体性のある自殺予告に関してのみ、刑法上の緊急避難の法理論により、そのような書込み等をした顧客の住所等を警察に提供しても良いという業界のガイドラインを作成し、それに基づいて警察に協力している。

(2)　しかし明らかにテロや大量殺人の準備をしていると思われる検索履歴等に関しては、そのようなガイドラインもない。ＩＰアドレスはプロバイダーが割り当てるものなので、犯罪対策NPO法人等とネット事業者を「つなぐ場」的なものを作るとしたら、プロバイダーにも参加してもらう必要がある。そして、プロバイダーに住所等の顧客情報を提供してもらうには、電気通信事業法が壁となる。

(3) 何れにしても検索履歴をIPアドレス等によって判明した住所等と共に警察やNPO等に提供することは、電気通信事業法や個人情報保護法違反になる恐れがある。それを個人情報保護法の例外規定でクリアできるか、あるいは電気通信事業法や個人情報保護法の再改正が必要かも問題である。

(4) また警察としては具体的事実がないと予備罪等の適用も困難で、直ぐに介入するのは難しい。

(5) そこで保健所や特殊な資格を持ったカウンセラー等が最初に介入して、措置入院等を行う必要があるなら、警察が助ける形が望ましい。

資料2　インターネット・オシントセンター

下図は警察庁ウェブサイトで公開されている「警察白書平成28年版」の「第1部　特集・トピックス　国際テロ対策」の「第2節　国際テロ対策　第1項　警察における国際テロ対策」から一部抜粋したものである（https://www.npa.go.jp/hakusyo/h28/honbun/index.html）。

インターネット・オシントセンターとは、国際テロ情勢等の逼迫を受けて、２０１６年４月に警察庁内部に設置された組織で、センター長である警備局調査官の下、警備局と情報通信局の総勢約30名～40名程度の人員がセンター員に指定されている。但し殆どの職員は、警備局ないし情報通信局との兼務だそうである。それは単に予算上の都合だけでなく、テロ対策やサイバー攻撃対策に、現に携わっている人材が関わった方が、効果的な分析が出来るのではないかという発想

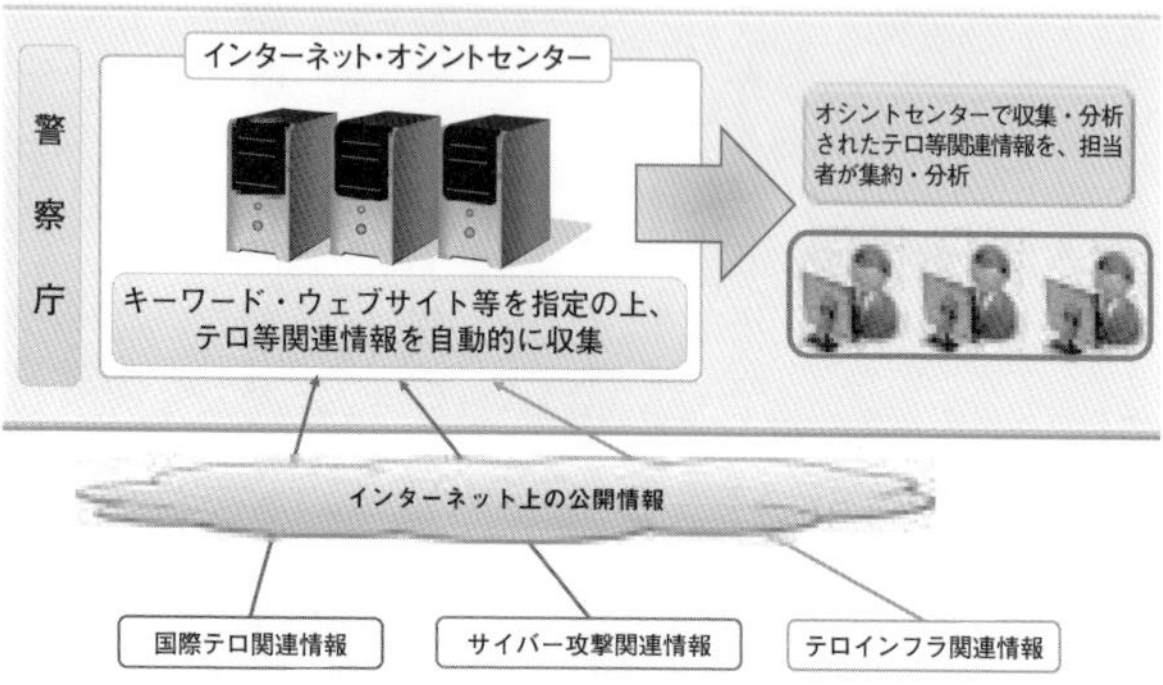

に基づいているらしい。

〝オシント〟というのはOpen Source Intelligenceの略で、つまりインターネット上に上がっている情報を、コンピューターで収集し、コンピューターや人間が、その情報を分析して、テロ等を未然に発見することが目的である。そのためにもコンピューターでは出来ない分析を行うには、現にテロ捜査等に関係している人間の経験等が重要なのだろう。

どのような分析を具体的に行っているのか？　特に個人の検索履歴までわかるのか？――は回答できないとのことであった。ということは個人の検索履歴等まで、ある程度でも分かるような活動を行っている可能性もあるのではないかと個人の感想として考えた。

何れにしてもオシントセンターにおける情報収集は、電気通信事業法や個人情報保護法その他の法令の範囲内で適切に行われているとのことであった。そのためにもOpen Sourceに基づいた活動中心になっているのではないかと、やはり個人の感想として考えた。

そして緊急的あるいは具体的な情報を掴んだ場合には、都道府県警その他の他部署に連絡し、テロ等の取り締まりや未然防止に貢献することも出来る。しかし、それはケース・バイ・ケースとのことであった。

全く偶然にテロ以外の重大犯罪に関する情報を掴んだ場合も同様に出来なくはない。しかしオシントセンターの主要目的は、あくまでテロ対策およびサイバー攻撃対策であり、これから積極的にテロ以外の大量殺人の未然防止等の活動に手を広げることは、現時点では検討していないとのことであった。

ここからは私見だが、いずれにしても複数の局からの兼任者で成り立っているのなら、テロ以外の犯罪捜査に関係する部署の人も、何人かがオシントセンターと兼務するか、あるいは通常の犯罪の捜査や未然防止に関わる部署にも、オシントセンター的なものを置いた方が良いのではないか？　最近の大量殺人の犯人等は、必ず事件発生前に何らかの前兆的な書込みをネット上で行ったり、手口等に関してネットで調べたりしている筈である。それを察知できれば重大犯罪を未然に防げる。テロ以外の重大犯罪を対象にした何らかの形での新〝オシントセンター〟的なものを作ることは、日本国民の安全・安心を守るために必要ではないかと私は思う。

第3章

個人情報保護法の役割

【インタビューの目的】

２０１８年３月９日、個人情報保護委員会事務局にインタビューをお願いした。自殺、大量殺人、テロ等を行う人は、最近はグーグル等で以前に同じことをした人の手口を検索することが多い。そういう検索事業者が、警察、保健所あるいは心が悩んでいる人の相談に乗ってくれるＮＰＯ法人等と情報共有することが、個人情報保護法上どれくらい可能なのかということを知るためであった。

【インタビューの内容】

吉川　私の問題意識というのが、テロ、大量殺人、自殺等を行う人は、最近はグーグル等

個人情報保護委員会の看板

で以前に同じことをした人の手口を検索することが多い。そういう検索事業者が、この人は危ないのではと思った時に警察、保健所あるいは心が悩んでいる人の相談に乗ってくれるＮＰＯ法人等と情報共有することが、個人情報保護上どれくらい可能なのかということを教えて頂ければと思います。

　特に住所まで分かっているとなると、今の個人情報保護法だと例外的な状況でないと事業者は情報を外には出せないのではないですか。

個人情報保護委員会事務局（以下「事務局」という。）　個人情報保護法は、個人の権利利益の保護と、個人情報の有用性とのバランスを図るための法律です。おっしゃった点については、社会全体として、テロ防止等のために、どのような仕掛けを形成していくのかが、論点ではないかと考えられます。

吉川　そうすると、例えば相談に乗ってくれるＮＰＯに、この人は危ないかもしれないという情報が事業者から行って、相談に乗ってもらって、その人が殺人や自殺を起こさなければいいではないか——というような社会全体の認識があったとすると、今の個人情報保護法があっても、可能だということでしょうか。

事務局　個人情報保護法上、個人データを第三者に提供する場合、原則として本人同意が必要となります。ただし、例外的に他の法令に基づく場合は、除かれることとされています。念頭におかれている法令はあるのでしょうか。

吉川　そういう法令が出来れば今の個人情報保護法があっても可能になるのでしょうか。

事務局　可能となる場合も考えられますが、それはあくまでも全体の建て付けの中で、どのように位置付けし、整理するかにもよるの

個人情報保護委員会の役割

平成28年1月1日から個人情報保護法は個人情報保護委員会が所管しています。改正前の個人情報保護法では、事業分野ごとに担当大臣が事業者を監督していますが、改正後は、事業者の監督権限が個人情報保護委員会に一元化されます(※)。それまでの間、個人情報保護委員会は、政令の検討を行い、規則・ガイドライン等を定めます。

(※)委員会に一元化されるのは、改正個人情報保護法の全面施行の日(公布の日から2年以内の政令で定める日)からとなります。

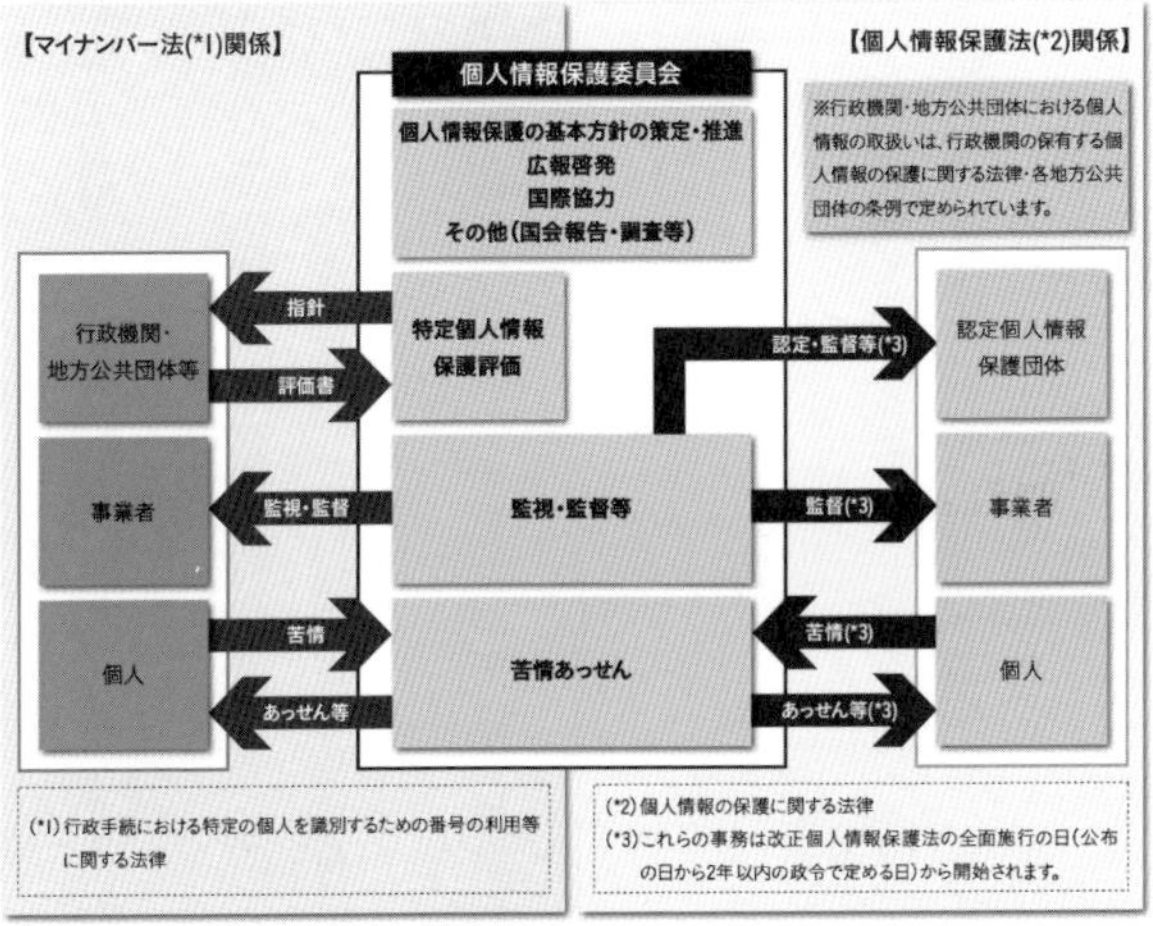

「個人情報の利活用と保護に関するハンドブック」裏表紙の一部を加工(個人情報保護委員会ホームページ　https://www.ppc.go.jp/files/pdf/personal_280229sympo_pamph.pdf)

ではないかと思われます。

吉川　場合によっては個人情報保護法自体を再改正する必要も、出てくるかもしれないのでしょうか。

事務局　先ほど申しましたように、個人情報保護法は個人の権利利益の保護と個人情報の有用性とのバランスを図る法律ですので、おっしゃった点については、全体の建て付けの中で考えるのではないかと思われます。

吉川　ただ本来は、住所や固有名詞を隠す形であれば、データを持っている事業者同士が売り買いしたりということは出来るわけですよね。その記録をちゃんと保存しているかどうかというのは、こちらが確認したりしていらっしゃるわけですよね。

事務局　名簿を売買する事業者のことでしょうか。必要な条件を満たせば、そういうスキームもあります。オプトアウトと言いますけれども。

吉川　その必要な条件というのは固有名詞とか住所を削ることでしょうか。

事務局　それは匿名加工情報のことです。個人情報保護法上、オプトアウトと匿名加工情報とは制度としては別物です。

個人情報法保護法改正後のオプトアウトについては、事業者がオプトアウトをする前に個人情報保護委員会にあらかじめ一定の事項を届け出し、この届出事項をホームページに公表することで、より適切な本人の関与とともに、個人情報保護委員会による適切な監督ができるようになっています。

他方、匿名加工情報は個人データを利活用するためのものです。先ほど申しましたように、個人の権利利益の保護という目的と個人情報の有用性のバランスを図りつつ、個人データの利活用を行っていくためのものです。

匿名加工情報は個人情報の適正かつ効果的な利活用のため、例えば匿名加工情報により効果的なマーケティングに利活用することが考えられます。ビジネス・ユースとして個人情報を利活用する場合、個人情報を一定の加工基準に従って匿名加工すれば、匿名加工情報として利用できます。

その場合、匿名加工情報を作成したことを公表することとされています。また、匿名加工情報を第三者に提供した場合においても、第三者に提供した情報を公表することとされています。

吉川　そうすると、大量殺人とか自殺防止のための法令が出来たとしても、やはり例えば精神的に悩んでいる人の相談に乗るＮＰＯ法人にデータを渡しましたというようなことというのは、記録しておかなければいけない。場合によっては公表もしなければいけないのでしょうか。

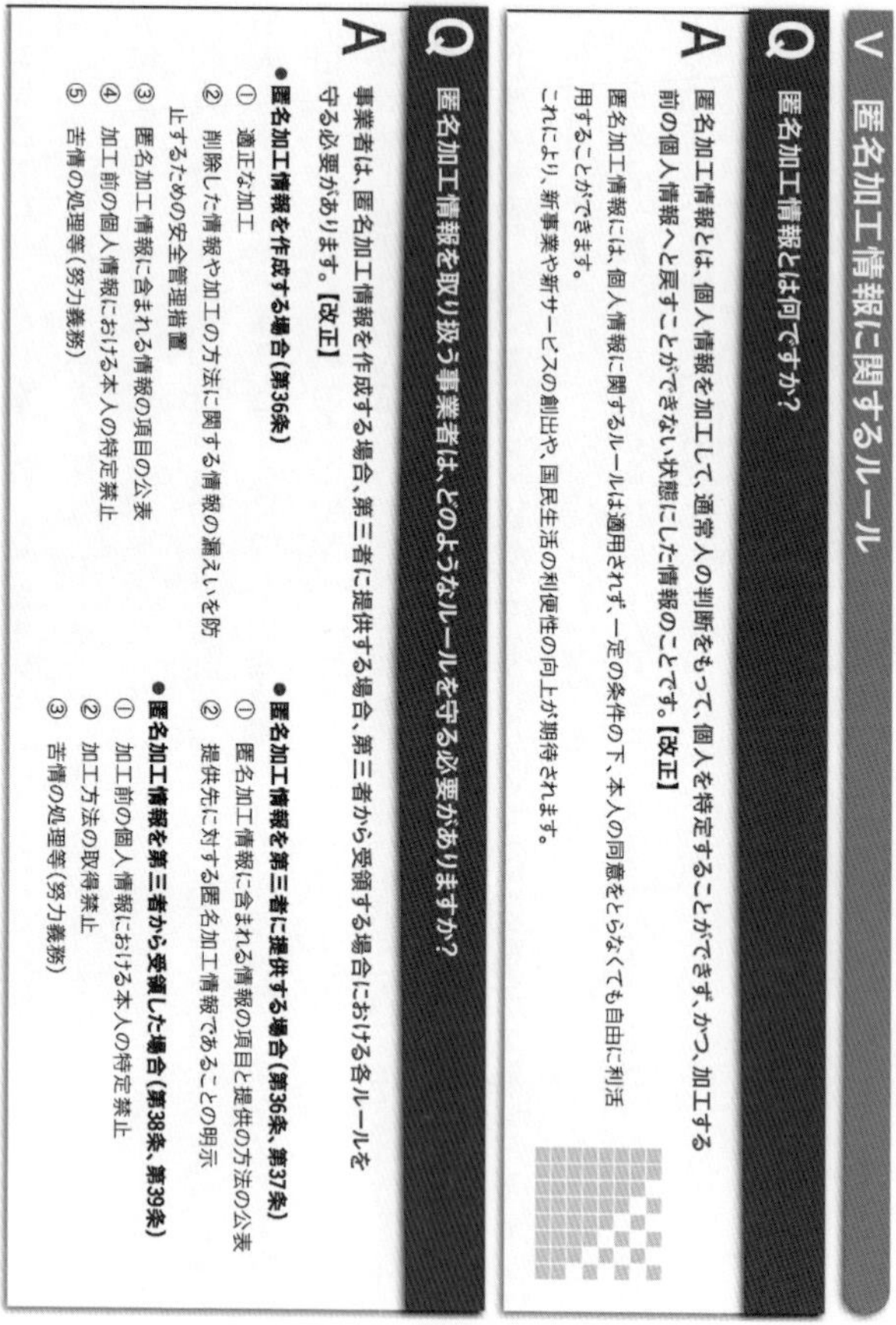

V　匿名加工情報に関するルール

Q 匿名加工情報とは何ですか？

A 匿名加工情報とは、個人情報を加工して、通常人の判断をもって、個人を特定することができず、かつ、加工する前の個人情報へと戻すことができない状態にした情報のことです。【改正】

匿名加工情報には、個人情報に関するルールは適用されず、一定の条件の下、本人の同意をとらなくても自由に利活用することができます。

これにより、新事業や新サービスの創出や、国民生活の利便性の向上が期待されます。

Q 匿名加工情報を取り扱う事業者は、どのようなルールを守る必要がありますか？

A 事業者は、匿名加工情報を作成する場合、第三者に提供する場合、第三者から受領する場合における各ルールを守る必要があります。【改正】

●**匿名加工情報を作成する場合（第36条）**
① 適正な加工
② 削除した情報や加工の方法に関する情報の漏えいを防止するための安全管理措置
③ 匿名加工情報に含まれる情報の項目の公表
④ 加工前の個人情報における本人の特定禁止
⑤ 苦情の処理等（努力義務）

●**匿名加工情報を第三者に提供する場合（第36条、第37条）**
① 匿名加工情報に含まれる情報の項目と提供の方法の公表
② 提供先に対する匿名加工情報であることの明示

●**匿名加工情報を第三者から受領した場合（第38条、第39条）**
① 加工前の個人情報における本人の特定禁止
② 加工方法の取得禁止
③ 苦情の処理等（努力義務）

「個人情報の利活用と保護に関するハンドブック」６頁の一部より引用（個人情報保護委員会ホームページ　https://www.ppc.go.jp/files/pdf/personal_280229sympo_pamph.pdf）

それも新しい法令が出来れば、ということなのでしょうか。

事務局　仮定のお話については、コメントできかねます。

吉川　とにかく全体の建て付けを見直さないと——ということになってくるわけですね。あとは先ほどからおっしゃられている本人の同意があれば出来る。例えばそういう検索事業者が、この人は大量殺人や自殺をしないか心配だった時に、こういう相談に乗ってくれる団体があるみたいだから連絡だけ取ってもらえませんか、そうでないと自社から、そういう団体に、こういう心配な人がいるのですけれど、と情報共有するかもしれませんよ——というようなことを伝えるというのは、どうなのでしょうね。

事務局　それは、別に考えることではないかと思われます。個人情報保護法は、あくまでも個人の権利利益の保護と個人情報の有用性とのバランスを図るためのものです。

吉川　ですから本人に同意を求めるというか、そこまでは今の個人情報保護法からしても考えられるのではないでしょうか。

事務局　おっしゃったような方々に関する個人情報を提供することについて、本人同意が得られるかどうかという問題が、挙げられるのではないかと思われます。

吉川　名簿という形ではなく、例えば個人ですよね。僕なら僕が、そういう大量殺人の問題とかについて年中検索している。例えば検索事業者から、あなたの検索を見ていて心配なのだけれども、こういうカウンセリング団体に連絡だけでも取ってみたらどうですか、と言う風に検索事業者の方からメールなどが来るとか、画面にそういう案内が出る――というようなことは今の個人情報保護法からは考えられるのでしょうか。

事務局　仮定のお話については、コメントはできかねます。

吉川　本人同意というのは、そこまでは対応していないのでしょうか。

事務局　その情報は危険かもしれないという情報は、検索エンジンに入力された結果を指し、それをもって特定の個人を識別できる情報に該当するとは、一概に言えないのではないかと考えられます。特定の内容を検索することをもって、どこまで判断するかにも、よるのではないかと思われます。

吉川　米国のシンクタンク等はテロ等に関して、またオーストラリアの警察もストーカー等の異常犯罪に対して、こういう数値が出てくると、この人は本当に危険だとか、そういうインジケーターを作っているみたいです。先ほどおっしゃられた全体の建て付けの中で、そういうインジケーターで非常に危険というところに入ってきたら…、と言うような考え方というのは、出来るのではないですか。

事務局　それは別のところで考える話ではないかと考えられます。個人情報保護法から考えることではないのではないかと考えられます。

吉川　とにかく全体の建て付けの問題なのですね。あとは今の個人情報保護法だと人命に関係することは例外ということになっていると思うのですけれども、そういうのを応用できないのでしょうか。この人は検索履歴を見ていると大量殺人をやりそうだとか、自殺をしそうだとか。

事務局　繰り返しになりますが、それは検索エンジンに入力された結果を指し、それをもって特定の個人を識別できる情報に該当すると、一概に言えないのではないかと考えられます。例えば、おっしゃった内容を頻繁に検索している人がいるとした場合、その人はそのような願望を本当に持っているのかは分りません。

吉川　まあ、そこでさっき言ったようなインジケーターを、自殺の問題なら厚生労働省が作るとか。そして全体の建て付けを変える。そういう形になっていくのでしょうかね。

事務局　我々からはコメントいたしかねます。

吉川　それと先日の座間の事件に関して、少なくとも自殺対策に関しては、ネット事業者と悩んでいる人の相談に乗るＮＰＯ法人との「つなぐ場」を総務省が一回開いています。そういうことを、これから警察庁なり法務省なりが行っていくとか。やはりそういう建て付けの問題が、

III　第三者に提供する際のルール

Q　A社が、私の個人情報をB社に渡そうとしています。法律上問題はありますか?

A　原則として、あらかじめ本人の同意をとれば、事業者は個人データを他の事業者に提供することができます。なお、次の①〜③のいずれかに該当する場合には、例外的に、本人の同意がなくても提供することができます。(第23条)

① 以下のいずれかによって提供する場合

- 法令に基づく場合
  (例：警察から刑事訴訟法に基づく照会があった場合)
- 人の生命、身体又は財産の保護に必要であり、かつ、本人の同意を得ることが困難な場合
  (例：災害や事故の緊急時に患者に関する情報を医師に伝える場合)
- 公衆衛生・児童の健全な育成に特に必要であり、かつ、本人の同意を得ることが困難な場合
  (例：児童虐待防止のために、児童や保護者に関する情報を児童相談所、学校等で共有する場合)
- 国の機関等へ協力する必要があり、かつ、本人の同意を得るとその遂行に支障を及ぼすおそれがある場合
  (例：統計調査に協力する場合)

② 以下の3点すべてを行って提供する場合(オプトアウト手続。要配慮個人情報を提供する場合を除く。)

- 本人の求めに応じて、その本人の個人データについて、第三者への提供を停止することとしていること
- 本人の求めを受け付ける方法等をあらかじめ本人に通知、又は継続的にHPに掲載するなど本人が容易に知ることができる状態に置くこと
- 本人に通知等した事項を個人情報保護委員会に届け出ること**【改正】**

③ 委託、事業承継、共同利用に伴って提供する場合には、「第三者」に提供するものとはされません。

「個人情報の利活用と保護に関するハンドブック」５頁の一部より引用（個人情報保護委員会ホームページ　https://www.ppc.go.jp/files/pdf/personal_280229sympo_pamph.pdf）

出てくるのではないでしょうか。

事務局　おっしゃった点については、当委員会として具体的に申し上げられる立場にはないと考えています。

吉川　自殺防止の場合には、例えばかなり具体的に何月何日にどういう死に方で死にます――みたいなことがツイッターに出ていました。その人の住所が分かりません。こういう時、例えばツイッター社なり、あるいは別などこかのブログに書いてあったなら、そのブログの会社なりが警察に対して情報提供するというのは、業界団体が２００５年にガイドラインを作ったそうですが、これは緊急避難の法理論でやっているらしい。そういうことも、現状の個人情報保護委員会としての想定とは違うのである――ということでしょうか。

事務局　その点は、実態に即して検討しなければなりません。繰り返しになりますが、仮定の中でおっしゃった点については、当委員会として責任をもってお答え申し上げることは難しいと考えています。

吉川　とにかく全体の建て付けの問題である、ということですね。お聞きしたいことが確認できました。どうもお忙しいところ本当にありがとうございました。

【インタビューのまとめ】

以上のインタビューからわかることは、私の考えているような、検索事業者が検索履歴からテロや犯罪の危険を感じて、その検索を行っている人に関する情報を、そういう精神的に悩んで犯罪に走り掛かっているような人の相談に乗るNPO法人等と情報共有することは、今の個人情報保護法の生命に関わる例外規定や本人同意の規定を即座に適用することは、難しいということである。そこで私の考えているようなことを実現するには、この検索履歴の持ち主は本当に犯罪を起こす危険が高いこと等を示せる客観的で精密なインジケーターを警察庁か法務省が作り、それも交えて検索事業者やプロバイダーと犯罪防止NPO法人等との「つなぐ場」的なものを繰り返し開催し、事業者の意識を変え世論も喚起する。そして検索事業者が積極的に情報を犯罪防止NPO法人等と共有したくなった場合に、世論の後押しも受けて、それが可能になるような新しい法律を作る。その新しい法律が、今の個人情報保護法の他の法令による例外の枠に当てはまらなければ、個人情報保護法自体を再改正する。そのような流れを作って行くしかないように思われる。

資料３　足立区の「インターネット・ゲートキーパー事業」

下の図は東京都足立区のホームページ内の『区長記者会見』２０１８年1月31日資料の10頁から一部を切り取ったものである(http://www.city.adachi.tokyo.jp/hisho/ku/kucho/documents/20180131.pdf)。

インターネット・ゲートキーパー事業とは足立区が約４５０万円の予算を２０１８年度から付けて、自殺対策に力を入れてきたＮＰＯ法人に委託をしている事業である。事業内容は、そのＮＰＯ法人が既に持っている支援ノウハウとグーグル社が持つ検索連動広告を駆使して、足立区内からパソコンやスマートフォンで自殺関連の３３０の言葉を検索した人の、パソコンやスマートフォンの画面に相談を促す広告を表示させ、自殺対策ＮＰＯ法人のサイトに誘導し、メール等で継続的な相談ができ、必要に応じて現

実の援助機関につないでいくというインターネット上のゲートキーパー活動である。

既に検索連動広告を打って電話等の相談窓口を表示している自治体はあるが、ネットからハイリスク者を特定し、リアルの援助機関につなぐインターネット・ゲートキーパー活動を自治体が行うのは、足立区が初めてである。

さらに足立区の政策の新しいところは、検索キーワード数を従来の100倍近いものにしたこと、足立区内からの検索にピンポイントで絞ったこと、そうすることでネットだけでは相談者が抱えている問題を解決できない場合に、スムーズに足立区の保健所や地域の援助機関と連携できるようにしたこと等である。

但し検索者の位置情報はパソコンやスマートフォンのGPSを使った位置情報機能を使うことになっており、それを切られてしまうと使えない。足立区はNPO法人に委託して、あくまでグーグルの広告を使うだけなので、相手のIPアドレスから位置情報を特定して何らかの介入をすることは現実問題として出来ないとのことであった。他に行政権力が個人情報に、半ば強制介入することへの躊躇もあるのではないかと私の個人的感想としては考えた。

実際、位置情報を使うかは、検索する当人に任されているので、この政策は、電気通信事業法や個人情報保護法に抵触しないと考えられている。しかし仮に生命に関わる緊急事態だったとしても、この位置情報もグーグル社が分かっているだけなので、保健所等による介入は考えられない。グーグル社から相手の詳しい位置を教えてもらえるかという問題がある。それをするには最低限グーグル社等を通じて、相手の同意を得る必要があるのではないかという考え方もある。

ただ、そのような形で何らかの接触を受けただけでも、思いとどまる人が出て来る可能性があるように思う。しかし、どうしても思いとどまらない人を、例えば区が後見人になって医療保護入院させたりすることも、今の制度では完全に家族がいない人でなければ難しい。

また現段階では、やはり自殺防止が目的であり、テロや犯罪の未然防止に応用する予定は、足立区としてもないとのことであった。

ここからは足立区への取材とは全く関係のない全くの私の個人的意見である。社会の大きな変動は孤独な若者を増加させ、そのため精神的に悩んでいる若者も増えている。そのような若者等による自殺だけではなく犯罪等の発生も最近は見られるようになった。相模原市障害者殺傷事件や座間市大量殺人・死体損壊事件等は顕著な例かもしれない。

そのような若者は自殺や犯罪の事前準備をネット検索で行う可能性が現代社会では大いに考

えられる。そこで検索事業者等との連携を密にしIPアドレスまで使用した位置情報の確認、事前に相手に相談を促す、相談窓口に接触してくれない人へのNPOや保健所からのアウトリーチ、必要ならば何らかの非同意入院等に繋げる、そうすることで悩める若者を自殺だけではなく犯罪やテロに走るような事態から未然に守る——それらは単に犯罪等の予防のためだけではなく、悩める若者自身を救済するためにも必要不可欠なように思う。

これは日本中の全ての自治体の問題である。この数年、危機管理に関して特に研究・調査をして来て、つくづく〝危機管理〟とは、実は自治体が重要な主体であるように思う。ネットを駆使して悩める若者の自殺や犯罪等の社会的逸脱を事前に相談を促すことで防止し、その後の展開次第では何らかの非同意的な措置に繋げることが、日本の全ての自治体で行われるようになることで、より安全・安心な日本が実現することを、一国民としても願って止まない。

第4章 日本における非同意入院制度の現状と今後

【インタビューの目的】

２０１８年４月24日、国立研究開発法人 国立精神・神経医療研究センター（ＮＣＮＰ）地域・司法精神医療研究部部長藤井千代氏に、インタビューを行った。日本における非同意入院制度に関して知識を得る為だった。

【インタビューの内容】

１ 日本における非同意入院制度

吉川 日本では、精神障害による非同意入院について、大きく分けて医療保護入院、措置入院、医療観察法入院と3種類があります。各々に関して説明して頂ければと思います。

国立精神・神経医療センターの看板

藤井　医療保護入院は精神障害のために医療や保護が必要でも、本人では同意が出来ない方に関し、指定医一名の判断と家族等との同意で行う非自発的な入院です。

措置入院は、精神障害があって自傷他害の恐れがある場合、指定医二名の判断で入院が必要となった場合に、都道府県知事ないし政令指定市の市長の命令で入院するものです。

医療観察法入院は、精神障害の方が重大犯罪を犯した時に限られています。その場合に検察官の申し立てにより、精神科医と裁判官の合議体で決定をする裁判所が絡む入院形態です。退院時も裁判所の判断が必要です。ただ処遇が必ず入院になるわけでありません。保護観察所の社会復帰調整官が関わる、通院処遇となることもあります。

入院に関しては18か月が目途ですが、実際には平均で少し長くなっています。これは諸外国の司法病棟の入院期間と比べたら、非常に短いです。

吉川　事件を起こしてしまった後の場合、米国では30年入院というケースもあります。

藤井　日本の医療観察法は出来て十数年なので、それほど長期の入院例はないです。今は2年くらいが平均と思います。

吉川　措置入院についてはいかがでしょうか。

藤井　3か月の時点で一度措置入院を継続するかどうか医療審査会に書類を出し、審査が入り

1 任意入院（法第20条）

【対象】入院を必要とする精神障害者で、入院について、本人の同意がある者
【要件等】精神保健指定医の診察は不要

2 措置入院／緊急措置入院（法第29条／法第29条の2）

【対象】入院させなければ自傷他害のおそれのある精神障害者
【要件等】精神保健指定医2名の診断の結果が一致した場合に都道府県知事が措置
※ 緊急措置入院は、急速な入院の必要性があることが条件で、指定医の診察は1名で足りるが、入院期間は72時間以内に制限される。

3 医療保護入院／応急入院（法第33条／法第33条の7）

【対象】入院を必要とする精神障害者で、自傷他害のおそれはないが、任意入院を行う状態にない者
【要件等】精神保健指定医（又は特定医師）の診察及び家族等のうちいずれかの者の同意が必要
※1 応急入院は、入院を必要とする精神障害者で、任意入院を行う状態になく、急速を要し、家族等の同意が得られない者が対象。精神保健指定医（又は特定医師）の診察が必要であり、入院期間は72時間以内に制限される。
※2 いずれも特定医師による診察の場合は12時間まで。

精神保健及び精神障害者福祉に関する法律に基づく入院形態について「これからの精神保健医療福祉のあり方に関する検討会報告書」（2017年2月17日　厚生労働省）https://www.mhlw.go.jp/file/05-Shingikai-12201000-Shakaiengokyokushougaihokenfukushibu-Kikakuka/0000154190.pdf）の参考資料より引用。

ます。状態によっては伸ばしても良いのです。平均を取ったら3か月を少し超え、中央値は45日程度です。それは措置解除までの日数です。そのあと医療保護入院等になる方もいます。

吉川　医療保護入院の期間の目途はいかがでしょうか。

藤井　法律的な目途はなくて、ただ結果的に殆どの方が1年以内に退院はされています。多くは多少長くても3～4か月くらいです。1年以上というのは2割に満たないです。

吉川　医療保護入院の場合は自傷他害の恐れとか、既に事件を起こした人ではないのですよね。

藤井　措置入院から医療保護入院になった方は、以前そうだった人もいます。医療保護入院をしている状況では、自傷他害の恐れがないから医療保護入院になっているわけです。

吉川　医療観察法入院は法務省と厚生労働省の共管の法律で、予算は厚生省側から出ている。措置入院の場合には入院費は自治体が、しかし医療保護入院は家族か本人が出さなければいけない。

医療保護入院の場合は指定医一名と家族の同意が必要。家族がいなければ自治体でもいい。しかし最近は、その人の様子は元々おかしいし、ご家族がいても関わりたくない――というようなケースはあるかと思います。そういう時に自治体の判断で――という法律は、去年一回は国会に出ましたが解散総選挙で廃案になりました。そういう法律は、必要だと思われますか。

2　措置入院と医療保護入院シームレス化問題

藤井　家族が必ずしも本人の権利擁護者になり得ないこともあります。例えば家族の虐待で本人が調子悪くなった場合、同意者が家族では本人も納得いかない場合もある。

吉川　いずれにしても自治体の同意で出来るようにはしたほうがいいのではないかと思います。

藤井　そこは難しいですね。自治体が本人のことを、よく知っているかどうか。よく知らない方に関して自治体の権限で入院ということになれば、それは実質的な判断は、殆ど指定医一人で行っているのと変わりなくなります。この人のことは良く知らないけれども、お医者さんが言うのだから良いという自治体が出てこないとは限りません。そういうリスクを、どう回避するのか。本来、保健所等が良く調べなければいけません。また、保健所の体制、自治体のマンパワー等の問題で、理想的な同意者であるかという問題もあります。

吉川　それと医療保護入院は自費入院だから、本人や家族がお金を払えなければ、生活保護にしないと入院費も出ないのではないですか。

藤井　例えば措置入院であれば、自己負担がかかりません。それが解除後も入院が必要だが本人は医療費払えませんという時に、直ぐに生活保護となるわけではありません。要件がそろっ

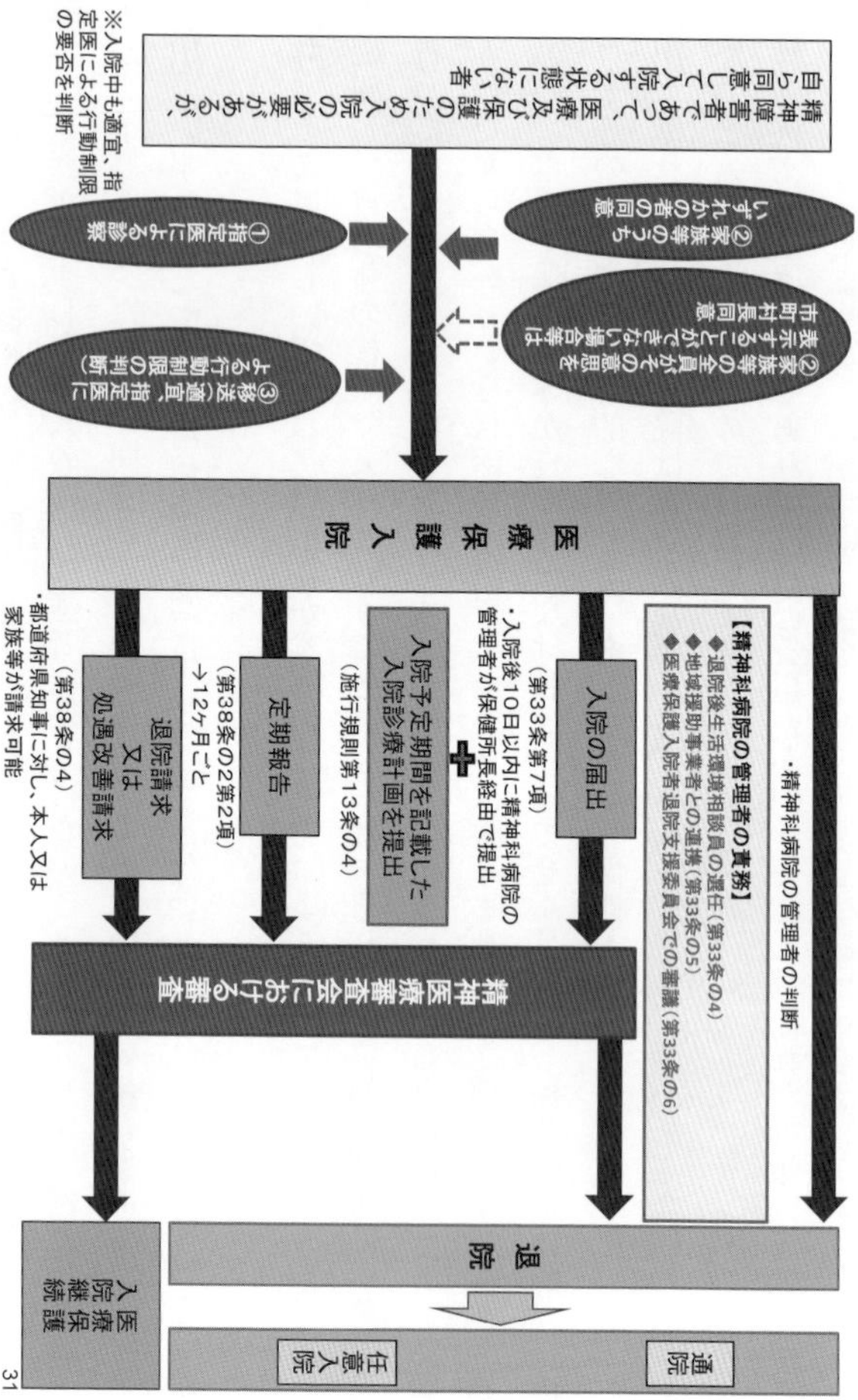

医療保護入院の流れ（精神保健福祉法第33条）
「これからの精神保健医療福祉のあり方に関する検討会報告書」
（2017年2月17日　厚生労働省）の参考資料より引用。

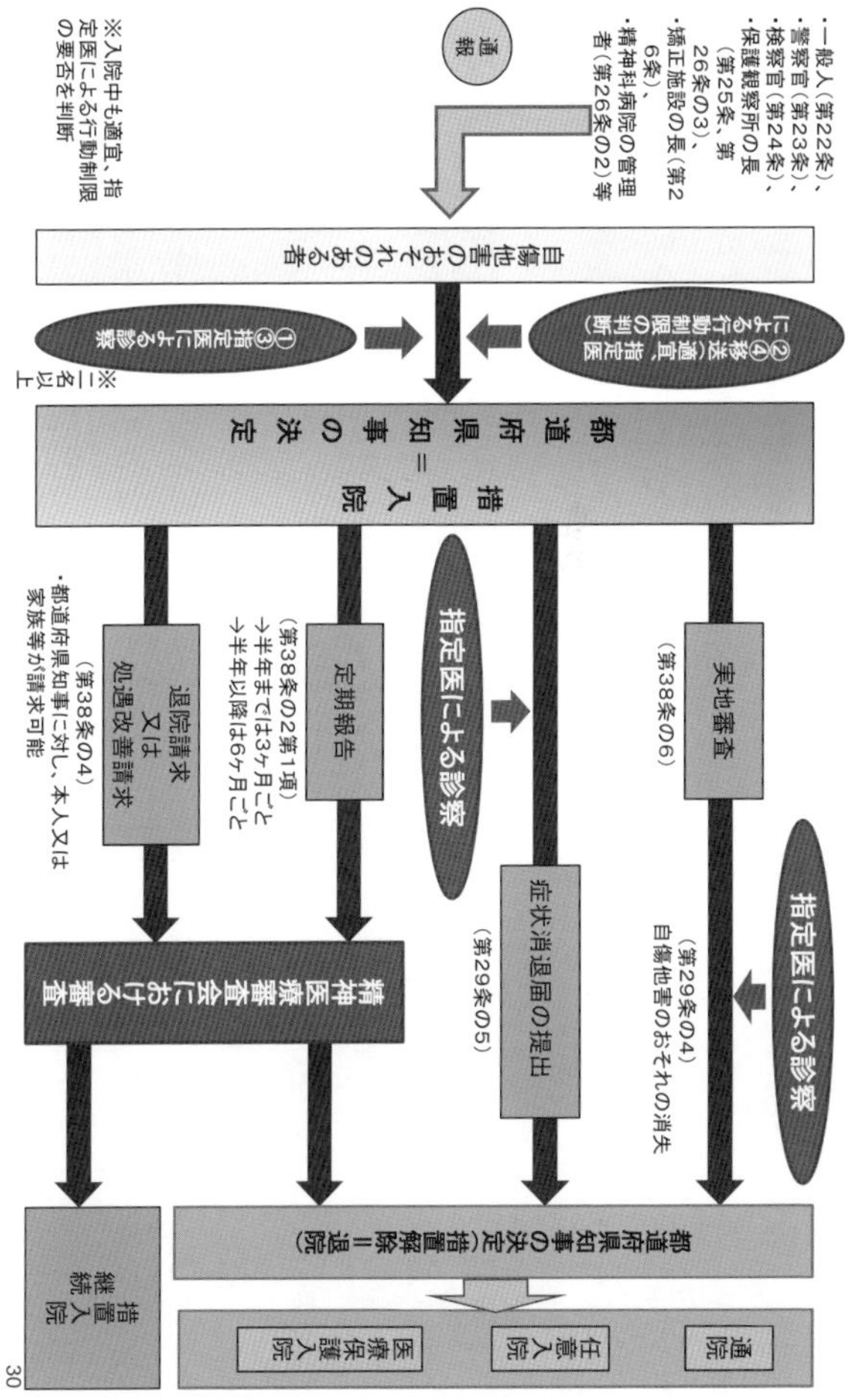

措置入院の流れ（精神保健福祉法第29条）
「これからの精神保健医療福祉のあり方に関する検討会報告書」
（2017年2月17日　厚生労働省）の参考資料より引用。

てなければ生活保護になりません。その場合に本来だったら入院継続のほうが望ましいが、措置解除になると入院は経済的に無理になります。措置入院から医療保護入院になった場合は医療費が発生するのは、医療の継続の上で支障になっているケースは確かにあります。

吉川 措置入院は、自傷他害の恐れがなくなれば解除されます。でも、もう少し院内にいてもらったほうがいい方というのは、やはりいらっしゃるのでしょうか。

藤井 自傷他害の恐れがなくなったら外来で十分なケアが出来るかというと、難しい場合もあります。出来るだけ早く地域に帰って頂いて、外来で対処できれば一番良いのです。しかし退院したら外来に通院しないことも十分考えられる場合に、もう少し入院して病気について理解を得て、治療継続の体制を作ってからの方が好ましい場合でも、費用面で入院継続が難しいことはあります。

吉川 措置入院が解除された後、7割くらいの人が医療保護入院をしていますね。

藤井 必要な場合に応じて医療保護入院になることが多いです。医療保護入院が必要な方に、実際には家族がいても家族が同意されないとか、経済的に厳しい方もいます。それを放っておくわけにいきません。対策を何か考えなければいけないとは思います。

吉川 措置入院が解除されて医療保護入院に7割くらいの人がなっている。残りの3割全部が問題あるけれども、家族の同意や金の問題で医療保護入院が出来なかったわけではない。でも逆に3割の中にも何割かは本来は、医療保護入院を続けたほうがいいのだけれども、いま言ったような事情で駄目だった人も…。

藤井　その場合は地域でケアしていくことになります。

3　措置入院をめぐる諸問題

吉川　いま世界的に911事件のような大規模なテロより、インターネットで影響されてテロを起こす一匹狼型テロが増えていて、日本でも国際テロとは違うけれども、相模原市の障害者施設事件や座間市の大量殺人・死体損壊事件などが発生しています。このような事件を起こす人はネットで色々なもの――ヒトラーの思想等を見て影響されていて、かつ人の殺し方等もネットで調べてから犯行に及んでいる。

そういう犯行を防ぐには、どうしたらよいのでしょうか。日本では現在の法制度を、どう運用し、どこを治すべきなのでしょうか。

例えば相模原市の障害者施設殺傷事件の犯人の場合、事件を起こす以前に非常に危険な言動があり、自傷他害の恐れがあるので措置入院をされて、2週間で出てしまっていました。

藤井　私が見えている情報というのは相模原市の障害者施設殺傷事件検証チームから表に出されているものだけです。それ以上の見解を述べるのは難しいです。強いて言えば自傷他害の恐れが消失したから、措置入院が解除されたということになると思うのです。

吉川　そのように一人のお医者さんが判断されたわけですよね。措置入院する時は二人のお医者さんが同意しなければなりません。でも退院する時は一人だけでいいのです。それを退院の時も二人の同意が必要にすれば、もう少し違うかなと思うのですが。

藤井　今の日本の制度の基本は、人権の制限を解除する時には、制限する時より緩やかな形になるというものです。人権制限を解く時も厳しくするのは、明確な理由が必要になると思います。

吉川　相模原市の事件の後、数週間でも措置入院された方が地域に帰りましたが、措置入院の主体になった相模原市以外に住むことになったら、その後のフォローは出来なかったことが問題になり、どこの自治体に住んでもフォローを続けられる法律も考えられたのですよね。

藤井　当初は首相が措置入院制度を改正し相模原市の事件の予防に努める――という趣旨のことをおっしゃいましたが、そこから趣旨は変わって法改正の段階では、犯罪予防ではなく精神障害の方が、どこの地域に帰っても安心して生活できるようにという趣旨になっています。

これも法案は出ましたが、医療保護入院の市町村長同意と措置入院の退院後支援というのは、同じ法案の中の改正事項なので、どちらも廃案ということになりました。

改正案の説明については、誤解があったかもしれません。当初、厚生労働省が趣旨説明で相模原市の事件を最初に出してしまいましたから。そこで犯罪防止ではないかと、人権団体や当

平成25年改正精神保健福祉法の施行後3年後見直しの規定等を踏まえ、以下の改正を行う。

① 医療保護入院に係る手続の見直し

医療保護入院の手続において、患者本人との関係悪化等を理由に家族等が同意、不同意の意思表示を行わない場合に、患者に対して適切な入院医療を提供する観点から、市町村長同意による医療保護入院を行うことを可能とする。

② 措置入院者・医療保護入院者に対する入院措置を採る理由の告知

都道府県知事又は政令市長が措置入院を行った場合に、措置入院者に対して行う告知の内容に、入院措置を採る理由を追加する。病院管理者が医療保護入院を行った場合も医療保護入院者に対して同様の告知を行うこととする。

※現行では、入院措置を採る旨、退院請求に関すること、入院中の行動制限に関することを告知。

③ 措置入院が行われた場合の精神医療審査会による審査の実施

都道府県知事又は政令市長は、措置入院を行った場合に、措置入院の必要性について精神医療審査会（指定医、精神障害者の保健福祉に関する学識経験者、法律家による三者構成）の審査を求めなければならないこととする。

4

医療保護入院の入院手続等の見直し

厚生労働省 第193回国会（常会）提出法律案「精神保健及び精神障害者福祉に関する法律の一部を改正する法律案」（2017年2月28日提出）https://www.mhlw.go.jp/topics/bukyoku/soumu/houritu/dl/193-16.pdf より引用

事者等、色々なところから異議が出ました。そこから議論が空転していました。

吉川 テロや犯罪の防止に取り組んでいる人間の目から見ると、余りに神経質すぎると思います。自傷他害の恐れがあって、措置入院をさせられた方が、医学的に自傷他害の恐れがなくなったとしたら、その後医療保護入院してもらうとか、あるいは地域社会の方で保健所がフォローをするとか――そういうことに関してまで反対される方がいます。

でも実施に、相模原市の事件が起きています。日本でも医療観察法入院は、入院時だけではなく退院時も裁判所の決定がないといけません。米国の場合は事件を起こした後の場合、30年も精神病院に入院というケースもあります。

逆に措置入院は、今自治体が主体となっていて、入院させる時も裁判所の判断が必要ありません。これは逆に、人権上の問題なのではないでしょうか。

藤井 その指摘はあります。国によるのですけれども。フランスは裁判所が入っています。

4 裁判所の介入等と人権問題

吉川 米国も入っていますよね。

藤井 米国は州による違いは少しあっても、裁判所が関わる制度になっています。でも日本の裁判制度や司法のマンパワーは、欧米とはかなり違います。これは法曹の先生に伺ったのですが、例えば英国では臨時結成で、三者が集まって簡易裁判のようなことができます。そういう簡易裁判機能を日本では持ち難いようです。

吉川　米国の場合は、普通の裁判所が関わります。

藤井　日本で全部の措置入院に裁判所が関与するとなったら、おそらく裁判所はパンクします。もし裁判所を関係させるのなら、方法をかなり検討しないといけません。

吉川　米国でもＦＢＩ等が盗聴する時は、裁判所の了解が必要ですが、これは本当に緊急ないし非常に危険性の高い場合には、簡単な裁判で出来るというものがあります。そういう簡易裁判で措置入院を決める。退院する時も同じ裁判所の決定がないと退院できない。これで少しは相模原市のような事件を防止可能かと思うのですが。

藤井　措置入院に期待する機能に、迅速な医療アクセスという面があります。裁判所が関わることで迅速な医療アクセスが阻害されることは、本人の不利益になるという考え方もあります。

吉川　ですから、それが出来る少人数の裁判所を、裁判所の中に作ってはいかがでしょうか。

藤井　それくらいしないと迅速の医療アクセスという目的にそぐわないと思います。確かに人権問題を考えて厳密に入院判断をする意味で、裁判所が関わる考え方はあり得ると思います。

吉川　もちろん人権も大事です。ただ相模原市の事件等を考えると、もう少し慎重に退院させてほしい。私のように犯罪やテロを研究している人間としては。

藤井　退院に関しても、実際には指定医一人の判断で動くことが多いです。でも措置解除を決定するのは都道府県知事です。指定医が措置解除ですと言っても、自治体から異議を出すことは可能なのです。もし本当に大丈夫かと自治体が考えれば、照会をしたり、セカンド・オピニオン的に意見を聞いたりすることは、現行法でも行えるのです。

吉川　まず、それを弾力的に運用すべきだ――ということですね。そうすると措置入院解除の時にも裁判所の決定が必要とか、あるいは今は一名の医師の診断で決まるものを二名の医師の診断結果が一致しないと入院解除出来ないようにするというのは、日本の場合は簡単ではないのでしょうか。

藤井　精神保健福祉法の目的は精神障害の治療です。犯罪予防という観点で見ていないのです。

吉川　しかし相模原市の事件の被告のように、復帰させたらあのような事件を引き起こしてしまったというケースが今後も起きるのでは…。

藤井　あの被告の鑑定結果を見ると、パーソナリティー障害ということでした。

吉川　それでも措置入院させることはできたのですね。

藤井　そこは措置入院の難しいところで、入院判断の段階でパーソナリティー障害なのか、精神病性のもので極端なことを言っているのかを正確に判断することは、極めて難しいのです。医療観察法入院の前提になる鑑定入院の場合は、最大5か月くらいじっくり見ることができます。措置入院の場合は、短時間で判断しなければいけません。

吉川　逆に措置入院させたのだから、出していいかに関しても、病院内で鑑定入院と同じようなことは、やらなくてはいけないのではないでしょうか。

藤井　病院内で診断して、措置解除後どうするかは、病院側で検討すべきことです。難しいのは、ある患者さんは措置解除後、もう少し入院して症状の安定等を見た方が良いと思われても、さっき言った色々な条件で、入院継続できない場合もあります。パーフェクトな医療の提供は、現実には難しい場合も多いのです。

パーフェクトな制度は、どこにも存在しないという意味では、今の日本の制度もパーフェクトではありません。たくさん改善すべき点は、色々な検討会でも指摘されています。でも精神障害の方の社会復帰を重点に置くのが基本です。そこに他害行為を起こして入院してくる方もいます。その行為を予防するために、精神医療は何が出来るのか。犯罪予防という観点から考えると、その人が犯罪をするかどうかを精神医学的に正確に予測することはできません。どこまで医療者が関与すべきか。正直答えは分からないです。

5　犯罪予防と精神医療の葛藤

吉川　テロや犯罪対策に関わっている人間の目から見ると、特に相模原市の事件の場合には具体的な犯罪事件は起こしていない時点で、危ないということで入院させられたのだしたら、出来るだけ退院時も慎重にして頂かないといけないと思いました。私は何となく2020年東京オリンピック・パラリンピック競技大会の時に何かあるとしたら、国際テロよりも、相模原市の事件のような殺傷事件であったり、秋葉原無差別殺傷事件のように、トラックでどこかに突っ込んだりとか――そういうのがあるような気がします。

藤井　それは精神医療の領域なのか、警察の領域なのか。相模原市の事件を精神医療だけで何とかしようというのは無理です。そこには警察の犯罪予防という、精神医療とは別の領域があります。

精神医療は病人の病気の回復と社会復帰が使命です。犯罪予防というのは二次的な結果で、そこを目的にはできません。

吉川　医師や厚生労働省の立場はそうだとすると、医療観察法がそうであるように、厚生労働

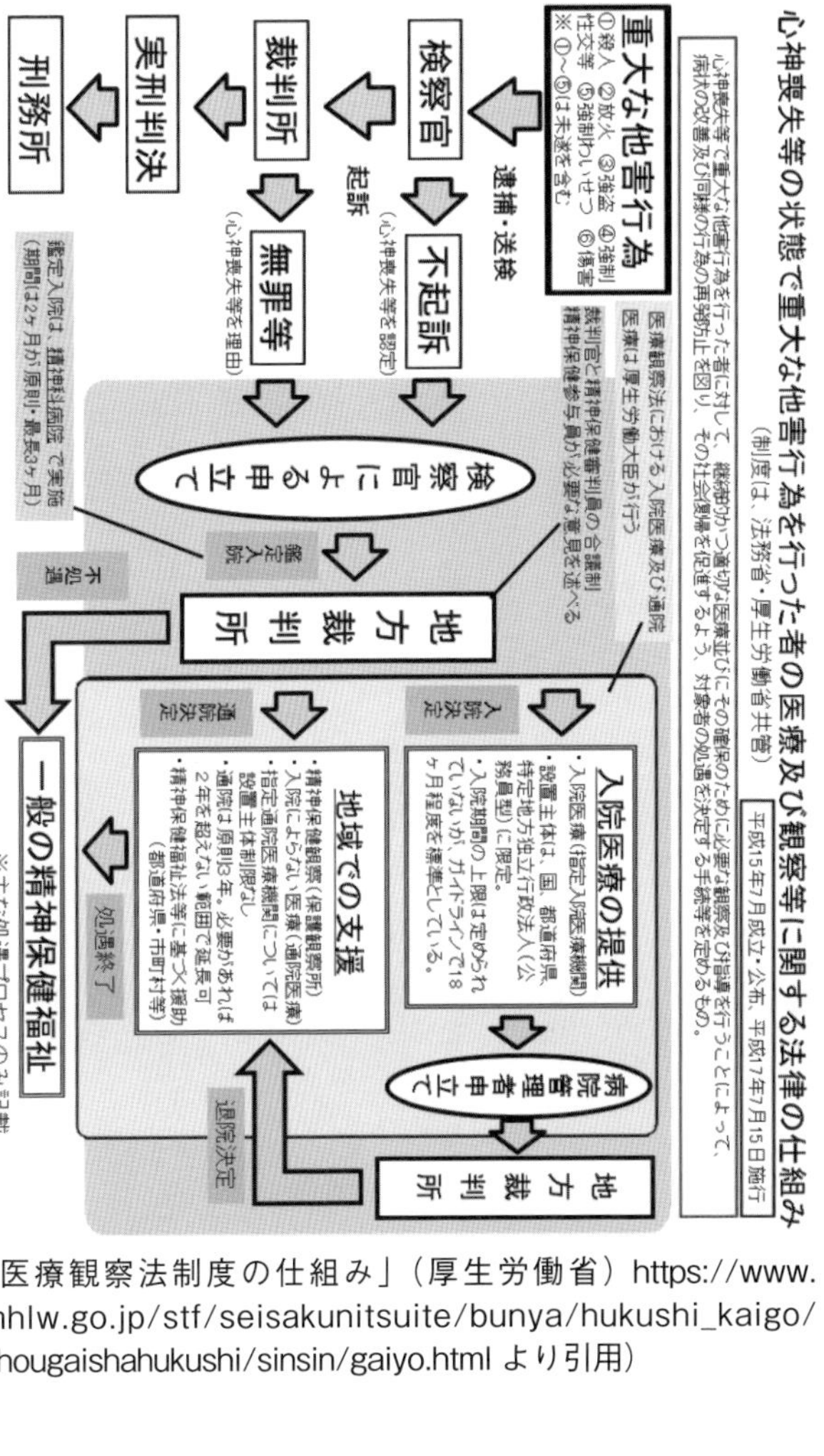

「医療観察法制度の仕組み」（厚生労働省）https://www.mhlw.go.jp/stf/seisakunitsuite/bunya/hukushi_kaigo/shougaishahukushi/sinsin/gaiyo.html より引用）

省と法務省や警察庁が協力して、新しい制度を考えるしかないということでしょうか。

藤井　協力は必要かもしれないですね。ただ、精神医療が犯罪予防目的の協力をすることは考えにくいです。

吉川　しかし自傷他害の恐れが2週間でなくなりました、退院させました、それから数か月後に相模原市の事件発生。それを繰り返すようでは困ります。

藤井　そのような事件の発生を予測しろ――と言われても不可能です。

吉川　フォローアップも…。

藤井　自治体が移ってしまえば、今の法律では出来なかったです。

吉川　この間、廃案になった法律が通っても、あくまで監視ではないのですね。

藤井　例えば薬が必要なのに薬を飲まなくなって、また症状が再発するのを防ぎましょう、と。病気に関しては治療して、再発予防をしていく、ということはできます。

吉川　ただ相模原市の事件の犯人のような場合、普通の意味で言う病気だったのか、それとも特殊な人格の歪みかといったら、後者だったのではないのでしょうか。

藤井　まあ鑑定結果も後者だったという風には出ていますね。日本の精神医療では、人格に対してのアプローチは、なかなか難しいのです。

吉川 でも被告が最初に措置入院した時というのは、人格の歪みが理由だったのでしょうか。

藤井 その場での判断は、状態像で判断するしかないのです。状態像とは、その時の言動ですね。客観的な言動で判断するしかないのです。精神運動興奮状態は、パーソナリティー障害でも起こすし、精神病でも起こしうるのです。そこを明確に区別するのは、その場では難しいです。

吉川 その場合、治せる病気がある可能性があれば、まずは医療を導入するのが基本スタンスです。

藤井 現代の精神医学は、全世界的に出来るだけ地域に戻すことを目指していますよね。先程から入退院両方とも米国では裁判所が関係していると申しましたが、米国でもフォローアップするのは1年くらいですよね。事件前でしたら。

吉川 地域でフォローアップするのが世界的に基本です。これは欧米諸国は大体そうです。米国は裁判所が関わっています。でも英国やイタリアは関わってません。

藤井 英国は準裁判所みたいなものがあるとおっしゃったのでは。

吉川 英国の制度は本人ないし近親者や代理人から、退院請求等の不服申し立て等があった場合に判断するのです。入院時は、裁判所は関わっていないのです。

藤井 代理人とはカウンセラー等でしょうか？

吉川 いえ英国では弁護士等の法律専門家です。

6 今後の日本は、どう在るべきか？

吉川 何れにしても先生の目から見て、非常に危険なパーソナリティー障害を判断したり、それをカウンセリングで治したり出来るカウンセラーの養成等について、日本は十分だと思いますか。

藤井 十分ではないと思います。カウンセリングでどこまで出来るかという問題は、あると思いますが。

英国では弁証法的行動療法というパーソナリティー障害の治療法等も試みられているようですが、日本では余り行われていません。弁証法的行動療法というのは、私は専門ではないので良く知りませんが、一定の効果はあるようです。そういうパーソナリティー障害に対して効果がある治療法を専門にしている方が、日本では少ないようです。

（吉川注：ネット等で調べてみると今までの心理療法が、その人を「変えること」に重点を置くのに対し、その人が自分を「受け入れること」とのバランスを重視する考え方らしい。）

吉川 今後そういう人を育て、条件を満たせば権限を与えて、その方が自治体や警察、裁判所等に申し立てた場合、措置入院のようなことも一時的に出来るとか？――そういうことは考えなければいけないのではないでしょうか。

藤井　そこは慎重に行かないといけないと思いますね。パーソナリティー障害への効果的な治療法や専門家も少ない状況に対し、何等かの対策は必要と思います。反社会性パーソナリティー障害に対して、どういう治療があるのか。今後の長期的な検証や研究の対象にはなるかもしれません。

でも何かの事件が起こったから拙速に変えることが良いとは思っていません。外国の制度を見る時に、日本では良い面ばかりを見てしまうけれど、必ず弊害も起こっている。そこを見極めた上で、外国の制度を取り入れていかなければいけません。

特に裁判所が関わると、当事者にとっては犯罪者扱いされたような感覚を持つ方がいるかもしれません。そして差別、偏見等を助長する可能性も考えた上で、制度を作らなければいけません。

裁判所に対する米国のイメージと、多くの日本人のイメージは大分違います。裁判所が関わる時、人権が擁護されると感じるのか、犯罪者扱いされたと感じるのか。

吉川　それを考えても、そのために既存の裁判所の中に、専門の部署を置くのはいかがでしょうか。

藤井　制度として、現時点でそうするのは難しいと思います。また、全員に対して、それが必要とは限りません。措置入院と言っても、一時的混乱から、かなりの重い精神障害まで、相当幅が広いのです。そういう状態に対して一律にするのは難しいです。

吉川　ただ退院する時に、やはり今より厳しくしないといけないと思います。

藤井　それは改善の余地はあると思っています。ただ、どこを改善すれば良くなるのか。非常に多くの関係者の話を聞いて、きちんと検証した上でないと決めることができません。措置入院の退院後支援ですら、厚生労働省は監視というつもりで作ったわけではないのに、一部の議員は国会で監視と決めつけたような発言をしていました。ですから退院を厳しくするのは、相当な葛藤がある筈です。

吉川　ただ受動喫煙防止等も含め、東京２０２０大会までに色々なことに取り組まないと——ということで、日本の社会は色々なことが進んでいます。例えばこの人は、インターネットで犯罪の手法に関するサイトばかり見ている。それがグーグル社などが犯罪防止に取り組んでいるＮＰＯ法人等と相談して、カウンセラー等を派遣してみる。そして、やはり犯罪を起こす可能性があると判断したら、裁判所か自治体にお願いして、取り敢えず入院して頂くというのはいかがでしょうか。

藤井　それは行き過ぎではないでしょうか。私の個人的意見ですが。それが理解されるとも思えません。

吉川　こんなことを私が言うのは良くないのですが、東京2020大会までの間に、幾つか別の国際的な大きな行事が日本であります。その時にとんでもないことが起きて、また暫く措置入院して出て来た人が犯行に及んだ——ということになれば、先程お話しした厚生労働省と法務省と警察と協力して、措置入院制度等も見直そうということになるのではないでしょうか。

藤井　本当に堂々巡りですが、精神医療の役目は病気を良くし社会復帰を促進する——そこしかないので、犯罪予防は結果論です。

吉川　犯罪予防は、警察の仕事。

藤井　そうです。

吉川　しかし厚生労働省と協力してやって頂かないと…。

藤井　そこは厚生労働省が、どう考えるかです。取り締まる規制強化の方向に行けば、本来規制強化されなくてもいい人まで対象になり兼ねません。法律を変えると、個人差の濃淡付けは難しくなります。そうなると弊害も当然あるので、相当に慎重になると思います。

吉川　くどいようですが私の立場としては、東京2020大会に向けて、そういう個人の濃淡があるとしても、とりあえず危なそうな方を危なくないようにすることに関しては、今よりは厳しくするべきだと思うのですが…。

藤井　それが検討すべき課題であるということについては、異論はないです。しかし、それに精神医療が、どう関与するかに関して意見を申し上げるのは躊躇します。

吉川　とにかく厚生労働省と法務省と警察とで一緒になって考えることだということですね。

藤井　精神医療の立場からは、犯罪予防は目的ではないと繰り返し申し上げるしかありません。ただ病気が良くなることで、予防出来る他害行為は明確にあります。きちんと治療を受けて頂ける体制を強化する必要はあります。強化というのは、マンパワー等の資源をしっかり配置すると言うイメージです。

吉川　カウンセラーとかでしょうか。

藤井　そういう心理社会的な治療も含めて、きちんと受けられるように、地域や社会の基盤を整備する必要があります。

吉川　あとは先程おっしゃられた、英国の弁証法的行動療法みたいなものも日本社会でも必要ではないでしょうか。

藤井　導入していったり、専門家を増やすことも重要になってくるかと思いますね。

吉川　どうもお忙しい中、ありがとうございました。

【インタビューのまとめ】

このインタビューから次のようなことが読み取れると思う。ここから先は藤井氏や厚生労働省等と全く無関係な私（吉川）の私見である。

このインタビューが終わって、私は非常に残念に思った。藤井氏が悪いわけではない。厚生労働省が悪いわけでもない。誰が悪いわけでもない。だが日本の社会は余りに人権問題に対し過敏過ぎないか？

そのため相模原市の事件のようなことが起きても、措置入院と医療保護入院のシームレス化や、措置入院解除後の保健所等によるアフターフォローにまで反対がある。

また日本では裁判所の人員も十分ではない。海外では効果が確認されている、病気とは違う人格の歪み等に対するカウンセリングの出来る専門家も少ない。

そのため自傷他害のリスクがある場合の措置入院も、行政権力の一部の自治体が主体である。これは人権主義と矛盾すると思われるが、より問題なのは退院の許可にも裁判所の決定が必要ないことだ。暫くは病院内で様子を見た方が良い人でも、簡単に退院するケースもある。

そのような人々の中から相模原市の事件の犯人も現れた。これから東京2020大会に向けて、ネットで影響を受けて、もっと重大な事件を起こす人が出たらどうするのか？

犯罪やテロとの闘いに慣れている米国では、未だ事件を起こしていなくとも、リスクの高い人の入退院には、裁判所の決定が要る。米国でも1年程のケースが多いようだが、入院の形態を取らなくとも、病院やNPO法人等でのカウンセリングを義務付けるケースもある。

これは重大事件を起こしてしまった後の人が対象なら、入院期間が18か月が目処だとしても、既に日本にも似た制度はあるのである。

これと似た制度を、事件を起こす前の人にも応用するには、迅速かつ厳格な入退院審査が可能な裁判所の特別部の設置、人格障害等まで対象に出来るカウンセラーの育成、そのような人々が運営するNPO法人等から裁判所等に警告が行った場合の緊急措置入院等々が必要だろう。

その実現には警察庁、法務省そして厚生労働省等が協力し合わなければ実現できない。より重要な問題は、日本の社会の人権過剰尊重意識の改善だろう。

医療関係者や厚生労働省の役割が、病気的な人のケアにあるのは当然である。病気的な人の人権が、守られるのも当然である。だが、そのような人々の状態が悪化し、テロや犯罪が実行されそうになった時、自分や愛する家族、友人の生命を守ることの方が大事な筈なのである。

その方向に多くの日本人の意識が変化し、今までとは逆の方向に日本政府に働きかけて行くようになること。そうなることを願って止まない。

資料4　名作映画『サイコ』シリーズと米国の非同意入院制度

下の画像は名作映画『サイコ』で画像検索すると出て来る、同映画の有名なシャワー室での殺害の場面に関するパブリック・ドメインの画像である。名作映画『サイコ』は1960年に天才映画監督ヒッチコックによって作られた。この映画のラストで犯人は、精神障害で無罪になり、精神病院に収容される。

続編の『サイコ2』は1983年に制作された映画で、その冒頭で主人公は精神病院からの22年ぶりの解放を裁判所の裁定によって決定される。だが主人公の精神の回復に疑問を持つ前作の被害者の関係者が、彼

https://pixabay.com/ja/ サイコ - シャワー - シーン - 映画 - 殺人事件 - 恐怖 - ホラー - 殺害 -29041/

が本当に自傷他害の恐れがなくなっているかどうかを試すのが、この『2』の主旋律である。この試みによって自傷他害の恐れがあると認定されると、主人公は裁判所裁定で精神病院に再び隔離される。

1981年にレーガン大統領暗殺未遂事件で精神病院に隔離された容疑者は、2016年に解放されるまで35年間、精神病院にいた。その入院も退院も、裁判所の裁定によるものだった。

この二人は既に事件を起こしてしまっている。しかし私が米国の専門家に問い合わせた限りでは、未だ事件を起こしていないが、起こしそうな精神不安定な人に関しても、米国では殆どの州で、裁判所の裁定による強制的な入院の措置等があるとのことであった。そして退院にも裁判所の裁定等が必要で、簡単には退院できない州もある。ただ米国でも、事件を起こしていない人の強制入院は、半年か1年が目処の州が多いらしいが、それも裁判所の裁定で延長は可能な場合もある。

しかし米国でも、精神科医やカウンセラーが危険を感じて裁判所に裁定を依頼した場合にのみ、緊急入院がある。そうではない関係者（家族等）による申し立ての場合には、裁判所に依頼された専門医の判断を待つので、時間が掛かる場合が多いとのことであった。

ここからは私見だが、ネット上の検索履歴情報等や、それを含めた保健所や警察への通報に基づいて、カウンセラー等を危険な精神状態の人に派遣し、その判断あるいは必要なら複数の医師の診断により、リスクの高い精神的問題のある人の非同意入院ないしカウンセリングを受けることの決定が、可能なように日本もするべきだと思う。米国と同じように裁判所が関係することは言うまでもない。

それに対して人権上の不安を感じる人は、今の日本の社会では少なくないのだろう。しかし自分や自分の愛する家族や友人の生命と人権の、どちらが大事なのか？　それを我々日本人は良く考えるべきだろう。

第5章

日本における犯罪防止NPO法人の活動とその未来

【インタビューの目的】

2018年2月15日、NPO法人ヒューマニティー理事長小早川明子氏にインタビューした。小早川氏は主にストーカー問題を中心に犯罪防止NPO法人を長く運営して来られた。著書、テレビ出演歴多数。警察庁「ストーカー行為等の規制等の在り方に関する有識者検討会」の委員も務めた。そこで本書で私が主張しているネット事業者や行政と協力する犯罪防止NPO法人の良い例として、参考になると思ったからである。

【インタビューの内容】

1 テロリストと異常犯罪者

吉川 まずNPO法人ヒューマニティーの活動内容を教えてく

NPO法人ヒューマニティーの小早川明子理事長

ださい。

小早川　１９９９年からストーカー被害者の相談に乗って、解決のために出来ることは何でもやって来ました。特に根本的解決を目指して加害者が加害行為をしなくなるまで関わる方針なので、私はカウンセラーですし、弁護士、医者、証拠収集関係で調査会社、身辺警備を請け負う警備会社等と連携しつつ対処することを当初から現在まで変わらずやっています。今までに２，０００件以上は相談に乗っています。

吉川　従来のアプローチと違い、加害者へのカウンセリングを重視されているのですね。

小早川　被害者を逃がしたり守ったりするだけでは根本的解決にならないので、元を断つことを考えたのです。

吉川　ストーカーであれ一昨年の相模原市の事件や去年の座間市の事件の犯人など、現在社会には本当に心の闇を抱えている人が多いと思います。国際テロも最近は組織に所属しているより、ネットで影響された一匹狼型テロが多いです。そういう人達もきちんとカウンセラーが関われば、安全になる人は何割かいると思うのです。小早川さんのご経験では、いかがでしょうか。

小早川　ならない人の方が少ないです。さっき言った一匹狼型テロとは個人でやるテロでしょうか。

私は憎悪型ストーカーに近いと思っています。私はオーストラリアのSRP（ストーカー・リスク・プロファイル）の5類型は良く出来ていると思っています。日本の法律では恋愛感情または、その他の好意がないとストーカー問題と見なしませんが、世界的には、あらゆる人間関係でストーキングが起きると考えられています。その上で5類型に分けています。「拒絶型」は振られた方が関係の再構築を望み、かなわなければ復讐するストーキングですが、日本ではこれが圧倒的に多いわけです。

私のところに来る相談では、「憎悪型」という自分が何か特定の個人や組織から被害を受けているという思い込みから、復讐心をエスカレートさせるものも少なくありません。よくあるのが医者に診てもらったが良くならないとか、兄弟間で自分だけ遺産が少ないとか、不当な配置転換だとかという思い込みです。

吉川　相模原市の事件も障害者施設の組織や障害者の人達から、自分は迫害されたから復讐するという思い込みが犯人にありました。

小早川　自分だけの間違った正義と強い被害者意識――頑張っているのに誰も評価してくれない。こんなに障害者のお世話をしているのに障害者の親から評価されないと言っていますよね、彼自身が。それで障害者は消えた方がいいと思い始めた。

吉川　欧米におけるイスラムのテロも、自分は頑張っていてもイスラム系だから報われていないのではないか――という考えがあります。

小早川　世の中が間違っている――という認識です。

吉川　ただストーカーの場合は、まず普通は、被害者から相談があります。警察から、この案件を、そちらで何とかなりませんかと言われることは、あるのでしょうか。

小早川　以前は全くありませんでした。でも警察も捕まえたり、警告してみたけれど、この人は病んでいるので、カウンセリングしてもらえませんかという話は最近は出てきました。捕まえて終わりではなくなったのです。警察の意識が。

吉川　被害者から依頼される、警察から依頼される、それ以外にもあるのでしょうか。

小早川　ストーカー本人が来ることや、本人の親が来ることもあります。

吉川　イスラムのテロだとしたら、うちの子がテロに走りそうだ――みたいな話ですね。

小早川　そういう相談先があるのですか。

吉川　米国ではグーグル社等も出来るだけ自分たちの持っている情報を政府に直接渡したくはないのです。しかしイスラムのテロを放置できません。それで特にグーグル社等だったら一匹狼型テロ――一人で黙々とイスラムのテロの思想や手口を検索をしている人がいる。これは危ないなとなれば、米国の資料を見ても日本の警察関係の話を聞いても、検索事業者やプロバイダーが協力すれば、ＩＰアドレス等の関係で住所等が分かることもあるそうです。今グーグル社もイスラムのテロについて年中検索をしている人には、イスラムのテロは良くないものだというサイトが検索上位に出たりとか、あるいは自分がイスラム系だから差別されていると感じる人の相談に乗る団体のリンクが表示されるという仕組みがあります。この間の座間市の事件の時に、自殺志願者に関しては日本のグーグル社も、同じような表示をしているけれども、それはクリックされなければ意味がありません。

それで米国のグーグル社も、出来るだけグーグル社から資金その他の独立性を高める意味で、スタートアップ企業の形にして、そことグーグル社との間で、この人は危険ではという情報を共有して対策を考えたり、その会社がテロ集団のサーバーをハッキングしたり、色々とやってはいるのです。

小早川　政府は関係なく、自発的に会社が行っているのですか。

2　加害者予備軍的人物をカウンセリングに導く過程

吉川　いずれにしても相談先等のリンクをクリックしてくれない人にカウンセラーを派遣する

ことまで必要ではないかと思う。私は東京2020大会の時に日本でイスラムのテロが起きるより、相模原市や座間市の事件の犯人のような人が、トラックでどこかに突っ込んだりすることが心配です。そういう人は必ず以前の類似の事件等を事前に検索しています。

グーグル社等が分かっているのなら、直接政府機関や警察、自治体ではないとしても、例えば小早川さんが取り組まれているようなNPO法人等と協力する。米国のように事業者が自分で対策する企業を作っても良いと思います。

座間市の事件の後、ネット事業者等と自殺防止活動のNPO法人が一堂に会して、どう協力していくのだとか、お互いに取り組んでいることの、どこが参考になるか等――そういう話し合いの場が、総務省総合通信基盤局主催で、一回は設けられました。それで自殺防止に関しては少し何かが進んだらしいです。でも通信の秘密の問題等があるので、会議の中身に関しては非公開でした。

小早川　人が危険な検索をしているのでパソコン画面に相談先のリンク等が出るのは、クリックしなければ意味がありません。検索していても研究しているだけかもしれません。第一次情報を誰が責任持って通報するのかが問題でしょう。その責任を国や自治体が持つことになったら逆に怖いです。

例えばうちの息子がそういうのばかりを検索していると言って、家族がＮＰＯ法人なり警察なりに相談に行けば、かなり動き易いです。赤の他人が、貴方そんなの見ているでしょうと言いに行くのは怖い世の中だと思います。

自分が興味を持って、色々な犯罪を検索するのも個人の自由。ただ、そういう検索をしている人が危険を犯す率が高いのは確かです。自由だけれども放置も良くないです。でも公的仕組みが責任を持つのではなく、あくまで近親者が責任を持って相談に行くべきだと思います。

吉川　本当に孤独な一人暮らしで家族もいない人が、大量殺人の方法を頻繁に検索しています。グーグル社等には大体分かっています。やはり米国でも、この人は本当にテロをやりそうだというリスク分析で、小早川さんが作られたストーカーの心理レベルの危険度と似たものを研究機関等が作っています。小早川さんの図で言うポイズンに当たるところに入ってきたら、何かしないといけないのではないでしょうか。グーグル社だったら人工知能を駆使して、そこまで実は分かっているのでは。

小早川　ストーカーの場合は、ニューラル・ネットワークという脳機能を数字モデルで表すチェック・リストが開発されています。被害者が加害者の情報をチェックすると、どのくらい危険なのかが、ある程度分かるものは出来ていて、日本の警察庁も使用していたのですが、なかなか浸透しないようです。

吉川　そのニューラル・ネットワークにしても、先程のオーストラリアの5類型にしても、過去のデータを数値化して、数量的にリスク分析できるのですか？

小早川　はい。詳しい内容は知りませんが、そのようです。

　いずれにしても、この人こんなに危険だと分かった時どうするか。そこが世の中の決断です。権力の監視も怖い反面、放置して事件が起きるのも怖い。どっちが怖いかという判断になるのでは。

吉川　あるいは接点というか、そういう情報をグーグル社が例えばNPO法人等と共有する。これは今の個人情報保護法に反するようですが。

小早川　自傷他害の恐れがある人は警察官通報で措

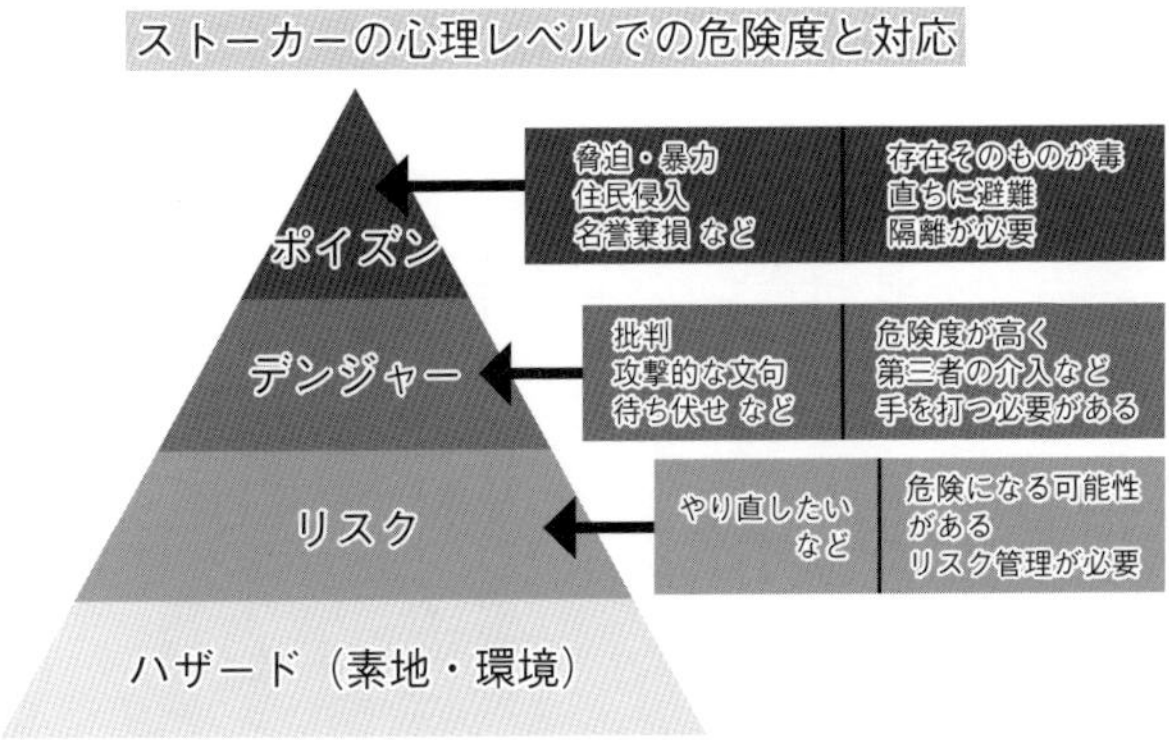

ストーカーの心理レベルでの危険度と対応
（NPO法人ヒューマニティー 小早川明子理事長提供）

置入院につなげます。実際にナイフは振るってはいないが、同じくらい自傷他害の恐れがあるという判断をしたら、緊急避難的なことが出来ないのかと思います。

もう一つは予告です。ある人が武器の準備をしているとします。私は警察に、武器の準備をしていますよ、早く逮捕した方が良いのではという期待をこめて、様子を見に行ってください――と言います。ある人には事前に「私はあなたが武器の準備をしているのが分かったら、警察に言う」と言っておきます。テロだったら武器の準備をしているのをグーグル社やアマゾン社が把握したら、カウンセリング等に自主的に行かなければ政府機関に通報すると警告するか、一回逃げ道を作ってあげる。

吉川　それも今の個人情報保護法の改正が必要らしいです。それが出来るようにしたとして、やばいと思って思いとどまるのか、それとも意地になってやってしまうのか。

小早川　だから期日までに返事がなかったら通報しますと予告します。あるいは保健所がアウトリーチをかけることが必要ではないかと思います。数年前から地域の保健福祉センターは、積極的に対象の居場所に出向いて働きかけるアウトリーチを始めています。医療に繋がらなければいけないのに繋がらない人に、支援の手を差し伸べる取組です。

吉川　では小早川さんのご意見では、もしグーグル社等が、このＩＰアドレスの人は危険なことをやるリスクが高いと思い、その人のパソコン画面に幾ら相談窓口のバナーを貼ってもクリックしない場合、貴方はカウンセリングに行った方が良いのではないか、行ってくださらないなら悩んでいる人の相談に乗るNPO法人や近所の保健所に連絡しますよ——と警告するべきだと。

小早川　知った責任がありますという感じで。

吉川　私も年中テロについて検索しているので、疑われるかも知れませんが（笑）。

小早川　だから保健所かNPO法人の人が面会したらいいです。きちんと説明すれば安心して帰る。会ってみてテロリストだと分かったら、何とかしようという話になります。

吉川　期日までにNPO法人か保健所に行かなければ、NPO法人か保健所にグーグル社等が連絡する。NPO法人や保健所の人が会いに行き、カウンセリングに一応乗ってくれたとする。さて、小早川さんが今までカウンセリングしてきた加害者予備軍は、何割くらいの人が治ったのでしょうか。

小早川　カウンセリングで治る人は、8割くらいです。カウンセリングをしなくても、8割は警告されれば治ったかもしれない人たちですね。

吉川　実際、日本のストーカー規制法による警察の警告だけで8割の人が治まっている。では先程言ったグーグル社等からの警告だけでも8割の人は治まるのでは。

小早川　本当に傷つけるつもりの人は、そういう検索をしている人の内どのくらいなのか――という問題はあります。ちょっと企図していたくらいでしたら、やばいと思って、企図を捨てるでしょうね。

3　新しいカウンセリングの手法

吉川　ストーカーの場合でも約2割の人が警察の警告を受けたり、NPOか保健所のカウンセラーの人が来たりしても、危険なことをしようとするのを止めない。むしろ逆上して突っ走ってしまう。

小早川　2割の半分くらいはエスカレートするかもしれないけれど、要するに心の方向転換しない人が2割くらいはいます。だから警告や説得、カウンセリングで心の方向転換を出来ない人をどうするかです。

なぜ方向転換出来ないかというと、理性を跳ね返すくらいに欲求が強くなっているからで、このような人には、無意識下にある欲求を低減させる治療が必要です。警告やカウンセリングといった対話による思考への働きかけではなく、脳に直接働きかける治療です。

そういう治療法が見つからない時代は、とりあえず緊急避難的な意味で普通の精神科病院に入院してもらっていました。でも治らなくて…。そもそも入院させてくれる病院を探すのが難しかったです。ところが２０１３年秋から非常に優れた治療法――条件反射制御法と出会い、その治療法を行う病院に入院したストーカーの殆どが、被害者への関心を落とし、ストーキングを止めることが出来ました。

吉川　どんな治療なのでしょうか。

小早川　一言でいえば、望ましくない条件付けを取りはずす治療法です。ストーカーであれば、被害者に対するぬぐい切れない過剰な関心と、止めようもない接近欲求が条件付けられています。それを無くすわけです。テロとは、おそらく社会に関する過剰な復讐心と攻撃欲求なのです。

世の中の大方の考えは、人間は思考で決断して行動しているというものです。だから思考を正せば、行動は変わるだろうと考えがちです。でも薬物依存症はいくら決意しても薬物をやめられない、ストーカーも接近をやめられない、テロリストもテロリストであることをやめない。やめようと思ったとしても欲求が強すぎれば、行動を変えられないのです。その原因は報酬効果にあります。

これは医学的用語なのですが、端的に言えば本能的行動（生殖、摂食、防御）や目指すべき何かを達成したら大脳辺縁系が興奮しドーパミンが出て、その神経活動が定着します。だから人間はセックスや食事、自分を守ることが繰り返されて生存が維持されてきました。ストーカーの場合だと相手に接触できたら報酬効果が生まれ、もう一度接触したくなります。ネットで自分の発言が人に読まれたり、読まれると想像するだけで報酬効果で、また書きたくなります。

その好ましくない神経活動を定着させないために、報酬効果をなくし欲求自体を低減させる治療をするのです。治療に薬は使いません。脳トレです。治療前は、ストーカーだったら相手に会えないとき、アルコールの嗜癖なら飲めないとき、テロリストならテロが出来ないときに、とても苦悶し禁断症状が出ることもあります。

具体的には、治療の第一ステージでは、アルコールが飲めなくても大丈夫、相手に会えなくても大丈夫——という条件付けをします。例えば「私はあの人に会えない、大丈夫」、「私はアルコールを飲めない、大丈夫」、「私は彼を殺せない、大丈夫」という言葉と共に簡単な独自のジェスチャーを反復します。一日20回、20分は間を空けて必ず平穏な心境の時に行います。この合図を「制御刺激」と呼んでいますが、脳に平穏な時間が始まることが条件づけられ、欲求に杭が打ちこまれます。この条件付けは2週間くらいかかります。テロリストなら「私は今テロは出来ない、大丈夫」、「私は相手を憎まない、大丈夫」が良いかもしれません。

吉川　自分で言わせて、その後20分くらい休憩の時間を与えるのですね。

小早川　第二ステージは、空振りです。薬物依存でしたら「空の」注射を打ちます。アルコールでしたら水の入ったワンカップを飲むなどの摂取の疑似行為を反復します。そうすると摂取行為はしているのに、欲求は満たされないので報酬効果が生じません。報酬効果が生まれない行為は定着しないので、薬物やアルコールを摂取する神経活動は定着しません。そういう行為をしたい欲求そのものが弱まっていくのです。

　テロの場合だと準備しているイメージをして、やっても何も社会は変わりませんでした等と自分でイメージさせるのが良いかも知れません。

吉川　そういうプログラムは欧州やサウジアラビア等でも、政府機関がテロに走りそうになった人とか、一回シリアでＩＳと一緒に戦闘訓練を行って戻って来た人等に対して、随分行っているそうです。

小早川　どのような治療法なのでしょうか。

吉川　やはりＮＰＯ法人も協力して、テロリストになり掛かった人に、むしろ経済援助等を与えたり、小早川さんの方法と少し似ていますね。

小早川　ただ今の例なら、まだテロはやっていなくても、シリアに行って戦闘訓練を受けた証拠があれば、治療の強制も出来なくないわけですよね。

4 非自発的入院の問題点

吉川 そこで伺いたいのはカウンセリングしたが、ますます危険な方向に行った人は入院してもらうとおっしゃいましたが、それは相手を説得した同意入院なのですか。

小早川 同意して入院する人は、病識があるのですから相当程度治っているのです。本当に治っていない人は入院したくない、する必要はないと言います。

そして判断能力はしっかりしている人だと、行動を制御できなくても、ただ悪事を働こうとしているだけとみなされての入院は無理となります。それは警察の問題で医療の問題ではない――と言われます。でも私は今まで、放置すると犯罪が行われてしまうかもしれない場合は、少しでも殴ったり、殺意の言葉を発したりすると、警察に相談して、措置入院につながったこともありますし、医療保護入院で警察等の力を借りずに入院が可能になった例もあります。医療保護入院は、自傷他害はないが入院する必要がある人で、任意入院を行う状態でない時に家族等の同意があれば入院できる制度です。ただ2013年以降は、当会が提携している病院への入院に同意してくれる人は、対象者の半分くらいになっています。

吉川　何かきっかけがあるのですかね。

小早川　従来の精神科医療では、判断能力の不全と気分障害だけを治療対象とみなします。ところが２０１３年から提携した病院では、行動制御能力の障害も精神病だとみます。

日本は元々そういう見識でした。１９３１年の大審院判例では、精神障害として判断能力の障害と行動制御能力の障害を挙げています。それが何時からか、行動制御能力の障害だけでは精神病ではないことになってしまったのです。

判断能力が正常なのに「貴方は判断能力おかしい」と医師に言われたら素直には入院したくないですよね。「僕はしっかり考えているのです、何のことですか」と。

ところが２０１３年から提携している病院では「貴方の判断能力は正常です。でも行動制御能力に障害があります。そのために思考が歪んでるのです」という話をされるので、言われてみると「そうかもしれない」と腑に落ちるのです。

吉川　完全な一人暮らしで家族も縁を切ってしまっている人が同意しない場合は、今の日本の制度では措置入院しかないのでしょうか。

小早川　医療保護入院は、家族等――配偶者、親権者、扶養義務者、後見人等の誰かの同意が必要ですが、該当者がいない場合は、市町村長が同意の判断を行うことができます。

吉川　それは自費入院になるのでは。

小早川　保険は利きます。収入がなければ生活保護を申請し、認められれば無料です。

吉川　でも自治体の同意で医療保護入院させるのは結構難しいのでは。現状では本当に家族がいないか、余ほど危険な場合ではないと…。

小早川　それは人権に関わることですから。実際問題としては、自治体は自傷他害があれば別ですけれども、医療保護入院等をなるべくさせない方向ですね。精神保健福祉施策は「入院医療中心から地域生活中心へ」という改革を進めています。

吉川　それでも相模原市の事件の犯人は実際に大量殺人を行う前に、2週間でも措置入院させられています。よほど危険だと指定医が判断したのでしょうね。でも2週間で出てきて犯行を行った。小早川さんの見解では日本の措置入院制度は、どこが不十分だと思われますか。

小早川　相模原市の事件のことは良く分からないけれども、措置入院して2週間で出て来て、また悪くなるケースが少なくないように思います。だから措置入院から退院した際には、よほど慎重に見ていただき、できれば今より積極的に医療保護入院に移行して欲しいと思います。

吉川　なぜ措置入院は簡単に出してしまうケースが多いのでしょうか。

小早川　やはり判断能力が適正で自傷他害しないと患者が決めたら、その恐れがなくなったと医者がみなしてしまうのでは。自分で決めてもできないのが行動制御の障害です。

吉川　行動制御障害までを直すことが必要ですか。

小早川　現状では、それは医者の判断や責任と、家族あるいは自治体の責任に負うところが大きいです。裁判所による治療命令が出るようになるとありがたいと私は思います。

吉川　映画『サイコ２』が一番分かりやすいけれども、米国では心の問題のある人を入院させるのも裁判所の命令ですし、逆に退院させるのも裁判所の命令が必要です。レーガン大統領暗殺未遂の犯人は、35年かかって２年前にようやく出てきました。

小早川　医療観察法以外に裁判所が治療を命令する仕組みがないのは日本くらいでは。

吉川　逆に医師や自治体、警察等の判断で事件前の人を入院させている。数年前から事件を起こした後だったら厚生労働省の予算で18か月を目処に入院させる制度も出来た。これには裁判所の判断が必要。それなら事件前にも判断能力は問題ないが行動制御能力に問題ある人に、入院が無理ならカウンセラーの相談に乗るだけでも裁判所が命令できても良いのでは。

小早川　そういう制度は本当に必要に感じます。

5　今後の日本社会の在るべき姿

吉川　今後、保安処分的なものを考えるのであれば、そこら辺が鍵かと思います。

小早川　少なくとも一度捕まっても反省しない人、接近禁止命令を受けた人、DV（ドメスティック・バイオレンス）の夫は、裁判所命令で治療を命じても良いのではないでしょうか。直ぐ出来そうなのは特別遵守事項——執行猶予とか仮釈放の時の遵守事項の中に、治療命令が入っても良いと思います。ストーカーは捕まる前に禁止命令が出ます。その際に治療命令が出ても良いと思います。でも禁止命令自体、裁判所が命令しているわけではありません。

吉川　例えばグーグル社等が「君、少し危ないのではないか。ちょっと相談に行ったら」と警告しました。行かないのでNPO法人や保健所の人が行ってみました。そしたら本当に危ない。「定期的にカウンセリングを受けた方がいいよ。無料でやってあげるよ」「俺はカウンセリングなんか嫌だ」こういう人には裁判所命令で少なくともカウンセリングを定期的に受けさせる——カウンセリングに来なくなったら身柄拘束するとか。

小早川氏のカウセリング・ルーム

小早川　会いに行くカウンセラーは、国等が認定する資格を持っている人でないといけないと思います。

吉川　小早川さんは、そういう資格を作って欲しいと、ずっと主張して来られた。私はストーカーだけではなく、本当に孤独な心を病んだ若者が何かの事件を起こしそうな場合――ＤＶかもしれないし、大量殺人かもしれないし、日本人でもイスラムのテロを見て格好いいと勘違いして、彼なりの社会に対する間違った正義感を表明するためイスラム教に改宗してテロを行うかもしれません。そういうのを一括して、警察なり小早川さんの組織のようなＮＰＯ法人等が、きちっと関わる。裁判所の命令でカウンセリングを受けさせる。どうにも仕方なくなれば裁判所命令で入院させる。そういう制度は今後の日本の社会に必要だと思います。

小早川　確かにそう思います。

吉川　今日はお忙しいところありがとうございました。

【インタビューのまとめ】

以上のインタビューから以下のことが考えられる。

(1)　一匹狼型テロリストは心理学的にストーカーその他の異常犯罪者と酷似している。そこで事件を起こす前にカウンセリング等を受けさせることが出来れば、テロ等の未然防止になる。

(2) しかし個人情報等の問題もあるため、グーグル社等が検索履歴を科学的に分析して、テロを起こすリスクが高いと判断した人でも、直ぐに警察等が介入するのではなく、犯罪防止のNPO法人か、せいぜい保健所等のカウンセリングを受けるように警告し、それが聞き入れられなければ、カウンセラーが相手の家に行くようにするべきだろう。警告を受けただけで治る人も多いと思われる。

(3) 医療機関は今までのように判断能力だけではなく、行動制御能力まで改善することが重要である。

(4) しかし相手がカウンセリングを拒否し、措置入院も困難な場合、自治体の同意でも可能な場合もある医療保護入院を活用する。措置入院も医療保護入院も、可能なら入院だけではなく退院も裁判所命令で行う制度を、日本でも導入するべきだ。入院しなくともカウンセリングを受けることを裁判所が命令できるようにするだけでも違うと思われる。

(5) このように警告、訪問、入院あるいは在宅でも強制的にカウンセリングを受けさせるといった一連の仕組みの確立と、それに関わることを専門にしたカウンセラー養成等が、これからの日本の社会の重要な課題になるだろう。

特別資料　イスラム過激派オンライン勧誘活動阻止の現状

ここで紹介するのは、２０１６年9月7日、ワシントンＤＣのブルッキングス研究所で開催されたセミナー〝Disrupting ISIS recruitment online〟の日本語抄訳である。アシスタントの協力を得たが文責の一切は吉川にある。

McCants（司会者、ブルッキングス研究所研究プロジェクト「米国とイスラム世界」ディレクター）本セミナーではＩＳのオンライン勧誘活動阻止の現状について議論したい。最近ではＩＳの支配地域が減少する一方、オンライン（ネット）上でのＩＳによる勧誘戦略が非常に目立って来ており、ＩＳに「感化」される若者が続出している。数年前まで「アルカイダのオンライン勧誘活動阻止」とされていたこの問題が再ブランド化され、過去10年以上にわたり米国政府に対する非常な「Perennial Question（至る所で常に悩まされる問題）」となっている。

ただし、確かに「問題」とはいえ、今は民間セクターなど政府部外との連携で新たな取組（オンラインでのイスラム過激派組織対策）が前進している。今回は、この取組では誰がリーダーか、何が危機に瀕しているか、そして成功するには、どのような手段、技術、理論が必要か等を説明していきたい。本日のパネリストとして、Google と呼ばれることが良くある Alphabet Inc の子会社 Jigsaw 社から Yasmin Green 氏、過激派のコンテンツ等を専門とする Moonshot CVE 社の Ross Frenett 氏、そしてこの問題を2年半扱っている国務省高官の Stengel 氏をお迎えしている。

Green 我々は1年前から「どう過激派組織のオンライン上での勧誘活動に対抗できるか」と考え続けてきた。そして最近、過激派集団の社会への narrative（語り掛け）とメインストリームの信頼性の高い情報を融合させて、過激派思想を暴く方法を見つけた。これには主に三つの段階がある。一つ目はリサーチ、二つ目は広告キャンペーン、そして三つ目はビデオだ。

(1) リサーチ

今回のプロジェクトを進めるにあたり、どうすれば事前に過激派思想に感化されやすい傾向の人を見抜けるかというリサーチを行った。それにはＩＳのあらゆる勧誘手段を把握することが不可欠で、また特徴的な表現（キーフレーズ）の確認そしてイスラム国の元戦闘員や元支援者にもインタビューして情報収集を行った。

我々の最終目的は、オンライン上でＩＳが戦略的に使うキーフレーズ（例えば〝Baqiya wa

tatamaddad（進出、残存）〃等）を選び出すことで「実際に過激派組織にポジティブな感情をいだきやすい人」と「メインストリームにいる人で、過激派組織の動向などに興味がある人」（例えば我々のような立場の人）を区別することであった。

興味深いのは16歳でＩＳへ参加しようとした英国の少女にインタビューを行ったときだ。彼女が過激派集団に関するニュースを初めて耳にしたのはＢＢＣ。彼女はメインストリームのメディアへの不信感を強烈に抱いており、ＢＢＣもその一つだ。ＢＢＣの報道と全て逆のことを信じるようになっていた。このことからも我々は「ブランドの重要性（〝Brands do matter〃）」を実感した。

もう一つ。同じく13歳でＩＳへの参加を目指した英国の少女。彼女の頭の中で描かれたＩＳとは、ディズニーランドのような夢の世界。斬首、性奴隷などＩＳの過酷な弾圧の様子などは、一切検索していないし、知ろうともしていない。人間は興味のあることにしか反応しない。よって好きなことしか検索しない。この少女にはＩＳの残酷な姿はどうでもよい。彼女の頭の中では、ディズニーランドのような楽しい場所なのだ。そのような現状に我々は気付かされた。

(2) 広告キャンペーン

インターネット上に掲載される広告――オンライン広告に注目してみた。ＩＳについて検索をしているユーザーの画面には、Moonshot CVE社が作成した赤いリングがついている広告が上のほうに出る。

この広告の目的は、何かを決めつけることではなく、単にその人が疑問に思っていることに興味を掻き立て、その次にＩＳの思想や解説が含まれる広告をクリックするかどうかを把握することである。

またQuantum Communications社が作成したアラビア語の広告を見ても分かるとおり、アラビア語になると見かけも感じ方も英語とは違い、過激派思想に感化され易い人は、ますます興味を掻き立てられる可能性も出てくる。

(3) ビデオ

YouTubeで見たいビデオの前に数秒流れる、英語とアラビア語が両方使われている広告用ビデオに注目してみた。我々が調査した人々が、一番興味を持っていることは、ＩＳの宗教上の合法性、軍事能力そして実効支配している地域を有効に維持することが可能か？——の三点である。

そのような具体的な疑問に焦点を当て、回答らしき映像のビデオを流し、その後の広告を更にクリックするように仕向けるに至る経緯を分析することが我々の目的だった。

こうして最終的に116個のビデオが83人のクリエイターにより制作され、我々の試験的プロジェクトが実施された。このプロジェクトで我々は、ISに関連する情報を検索した人の中でも、特に感化され易い人またはISに参加して敗れて戻ってきたアラブ人やクルド人をターゲットとした。

彼らにとってインターネットを含むテクノロジーの役割や、どのオンライン情報等がもっとも説得力があったのか。それを分析し、メインストリームの信頼性の高い情報を融合させれば、オンライン上での過激派思想の広まりを阻止できると確信している。

8週間という期間の間に32万人もの個人（IPアドレスが32万個あることから確定）が英語とアラビア語のIS関連情報のリンクをクリックしたことが分かった。と同時にイスラム過激派思想の間違いを指摘するビデオは5千万人もの人々に視聴された。これは統計的にみても良い結果である。

Frenett　このプロジェクトに関して私からも少し説明をさせて頂きたい。過激派集団に影響され易い人のオンラインでの行動パターンを特定するため、Jigsaw社やQuantum Communications社そして我々Moonshot CVE社の間で、こういった過激派のプロパガンダ・サイトに繋がるリンクの情報や、それがどのくらい頻繁にクリックされているかの統計情報等を共有した。そしてランキングを作り、人気のあるリンクは複製し、人気のないリンクの先のホームページは閉鎖していった。

ただ感化され易いとされる13歳~15歳の若者たちの無邪気さを、どう捉えるかである。彼らが「なぜ過激派集団に参加するべきではないのか」を語ったビデオよりも「ＩＳの魅力」を語ったビデオをクリックする確率は、単に興味本位や無邪気さ等の理由から高い。そこで、このプロジェクトは、ＩＳのオンラインでの勧誘を阻止することに貢献したとは信じているが、非常に複雑な分析、作業だった。そして、ただクリックするだけではなく、クリックした後、実際にビデオを見続ける人々を特定することが、一番重要という点も忘れてはならない。

Stengel　私は政府の人間として、今までこの課題に取り組んできたが、最近目立つことは、ＩＳの支配地域が減少していることもあり、ＩＳによる過激思想の情報手段が、近年マクロからマイクロにシフトしている。世界各国の個人を標的に、彼らは対象をきちんと選別して、メッセージ等を発信するようになっている。私はＩＳとはニッチ・ブランドで、思いがけず世界に魅力を発揮して、マクロ・ブランドになった代表例だと感じている。また、このプロジェクトに関してよく問われるのが「評価基準」だ。この「評価基準」に特にうるさいのが政府関係者だ。例えば、ある下院議員に「ステンゲルさん、今日貴方はイラクやシリアへ渡ろうとする若者を、何人引き止めることができましたか」と聞かれても、答えるのが難しい。ただマクロに考えると、国防省の統計では、イラクやシリアに渡った外国人戦闘員は、80％から90％ほど減少している。これは有効な「評価基準」といえるのではないか。

McCants インターネットの普及、通信技術の発展等に伴い、テクノロジー企業の子会社などが、インターネットを通じて世に発信されている過激派思想を阻止するために動いている。そしてそれを、政府が大絶賛をしながら支持をする——という現状は、ジョージ・オーウェルの世界が思い浮かぶ。Google社と関係があるシンクタンクが、過激派集団や過激派思想（の対策等）に関わっていいのか。この現状を不安に思っている人は少なくない。そのことに関してコメントを頂きたい。

Green 我々Jigsaw社は、過激派の実態や勧誘の手法を知るべく、過激派に加入したことのある元メンバー達にインタビューを行ってきた。その中で明確になったことは、過激な思想に染まる若者は皆「ＩＳこそが人間の基本的人権を守ってくれる」と信じていたことだ。ただ実際にそれはどういう意味なのか、全く理解せずネットで流れるＩＳ支持の情報を見て、過激思想に染まり、迷わず参加したということだ。我々テクノロジー企業からしてみると、こうなることは「情報へのアクセス」が原因としか思えない。「より良い情報」が入手でき、それをきちんと理解することが出来たら、人は「より良い選択」が出来るのではないか。

Stengel　「米政府は過激派の思想拡散阻止のために、民間セクターが展開するプロジェクトに積極的に力を入れ過ぎではないか。これは長期的に、どうかと思う。」という批判に関して、良くある誤解を解いておきたい。米政府とテクノロジー企業は、決して対立関係にない。実は関心の重なる分野が多く、協力はメリットとなる場合が多い。

Frenett　それに我々Moonshot CVE社のような「暴力的過激主義対策（CVE）」活動は、政府の資金に頼っているわけではなく、民間セクターからも十分な資金調達力を確保しており、MoonshotをあえてNPO法人等ではなくスタートアップ企業にした理由もそこにある。また、Moonshotは、デジタルの世界だけではなく実世界（physical space）で発生している事実にも向き合っている。例えばシリア内でドローンを使用して反ISのメッセージを広げる等、物理的な場所での過激派思想の情報コントロールや、ハッキングも行っている。これが可能であるのも民間セクターとの連携や、民間セクターのモデルをスタートアップの際に取り入れたからだと確信している。イスラム過激思想の広がりは、単に政治やイデオロギーの問題だけではなく、社会的帰属意識（social belonging）、精神的健康（mental health）、雇用事情等が深く関係している。とくに精神疾患があり不安定な個人はテロ組織に勧誘され易く、過激派思想が含まれるリンクをクリックする確率が通常の三倍とされている。

Stengel そのとおり。まさに人間の脆弱性をうまく武器にしているのがＩＳなのだ。

以上のセミナーの内容を見ても理解できるように、米国でもネット事業者や、その関連団体そして政府機関等が協力して、ネットから悪い影響を受ける人をＩＰアドレス等から割り出し、そのような人々の心の方向性を正しい方に戻すようなネット・コンテンツを作成し、そのような人々がクリックするように仕向けることを行っている。日本もテロだけではなく異常犯罪も含めて、同様にする事は検討すべき時期に来ているように思う。

出典：https://www.brookings.edu/events/disrupting-isis-recruitment-online/

提言

サイコ型テロへの処方箋

今まで私が書いてきた書籍では、長文の提言を最後に付けてきた。しかし今回は、短い箇条書きで十分ではないかと思う。そして、それは本書を読み通してくださった方々には、もうご理解いただけているのではないかと思う。

(1) 一匹狼型テロや異常犯罪等を起こした人物が、事前準備として行ったネット上の検索等に基づいて、そのような検索を行っている人物の危険度を、客観的かつ数量的に分析できる指標等を警察庁ないし法務省が作成する。

(2) それに基づいて判明した危険度の高い人物に関する情報を、検索事業者やプロバイダーのようなネット検索事業者と犯罪防止NPO法人等とが、積極的に共有できるような環境整備を行う。具体的には自殺防止に関して総務省が行った「つなぐ場」的なものを、定期的に開催する。

(3) そのような情報共有が、現行の電気通信事業法や個人情報保護法上は問題になるようならば、そうならなくする法令等を整備し、それでも足りなければ電気通信事業法や個人情報保護法自体を改正する。

(4) それによってネット事業者ないし犯罪防止NPO法人あるいは自治体や保健所等から当該人物に警告のようなものが行く。

(5) その警告を無視するようであれば、犯罪防止NPO法人ないし保健所等からカウンセラーのような有資格者が当該人物を訪問する。

(6) カウンセリングを拒否されたり極めて危険な状況と判断されれば、何らかの形での非同意入院（措置入院、医療保護入院等）に繋げる。それが今の関係法令では難しければ、それを改正し非同意入院を容易にする。但し米国のように行政権力から中立的な裁判所の決定が必要なようにする。

(7) 退院にも裁判所の決定が必要とすることで、今までのように簡単には非同意入院が解除されることのないようにする。更に非同意入院が解除された者等にも、裁判所命令で定期的なカウンセリングも受診させる。逆に裁判所命令による定期的なカウンセリングの受診を受け入れる者は、非同意入院まではさせない。

(8) このような活動が出来るような今までとは異なった犯罪防止NPO法人やカウンセラーの

養成等も行う。

以上のような取組がサイコ型テロへの処方箋になると思われる。しかし、このような仕組みの構築は、プライバシーや人権等に関する意識が、過剰に発達してしまった現代の日本では、簡単なことではないだろう。だが「はじめに」でも書いたようにプライバシーや人権より生命の方が大事な筈なのである。

テロや犯罪等から自分や自分の愛する家族や友人の生命を守るのは、最終的には消防でも警察でも自衛隊でもない。他ならぬあなたが最終的な責任者なのである。アイルランド独立テロ問題を抱えていた英国は、９１１以前から公共交通機関の壁等に「Your safety depends on yourself」と書いてある。

繰り返し言う。プライバシーや人権より生命――テロや犯罪の事前防止の方が重要だという方向に、日本社会全体の意識を変えるには、まずあなたが、そのような意識を持つことが重要である。そして、それを周囲の人々に共有して行く努力をすることが…。

そうして社会全体の意識が変わり、本書で提言されるような諸問題が進展するようであれば、日本社会の安全・安心を、より高め永続させることが出来るに違いない。何度でも繰り返す。それはあなたの責任なのである。

おわりに

次の文章は前二作の「おわりに」でも書かせて頂いたが、この本でも繰り返し主張させて頂きたいと思う。

「〝監視社会とは恐怖の社会である〟という考え方自体が、この宇宙や人間を創造し動かしている超存在が、人間の外側にあるという聖書文明的な発想から来ているように思われる。この考え方からすると人間同士による〝監視〟とは、超越者と人間との関係を断ち切って人間精神を破壊する恐ろしいものということになる。

〝監視社会とは恐怖の社会である〟という考えを象徴する文学作品であるジョージ・オーウェルの『1984』で、主人公が最後に辿り着く心境だろう。この宇宙や人間を創造し動かす超存在が、人間の外側にあるという発想をしていると、人間相互の監視から絶対的に逃れられない状況は、各人が超越者との精神的結び付きを絶たれ精神を破綻させるものでしかない。

私には『1984』のラストで主人公が到達する精神的破綻の境地が、三島由紀夫の最後の超大作『豊饒の海』のラストで副主人公が到達する境地に、どこか似て見える。この宇宙や人間を動かしている原理は、仏教では本来は人間の心の深淵にあるものである。〝輪廻転生〟とは、この深淵にある原理の永遠性を意味するのであって、単純な〝生まれ変わり〟を意味するのではない。単純な〝生まれ変わり〟の思想は、この宇宙や人間を動かしている原理は、人間の心の外側にあるという聖書文明にも近い間違った仏教の理解だと思う。他者の肉体を借りて他者（人間の心の外側の存在）として、誰かが死後に再生するという思想なのだから…。

この間違った仏教理解に陥ったために副主人公は、自分が友人の生まれ変わりであると信じた少年の存在を否定されることで、精神的に破綻する。ここで〝この宇宙や人間を動かしている原理は、人間の心の深淵にある〟という仏教本来の思想に回帰出来れば、副主人公は精神的に再生できる。あのラストは、そのような〝救い〟の余地が残されている。

この副主人公の精神的混乱は、聖書的な欧米文明を受け入れてしまった明治時代以降の日本人の、心の迷いそのものなのかもしれない。例えば生まれ変わりの友人の存在といった他者との関係性さらには人間相互の監視を恐怖する心理は、聖書的な〝この宇宙や人間を動かす超存在は、人間の心の外側にある〟という発想から来るものであることは繰り返し述べた。超存在と各人との精神的関係を断ち切り人間精神を破壊するからである。

しかし〝この宇宙や人間を動かす原理は、人間の心の深淵にある〟という仏教本来の思想や、あるいは日本古来の自然との調和の思想の立場に立つ時、他者による監視は決して人間精神を破壊するものではない。なぜなら人間は、常に宇宙や人間を動かす超存在と繋がっているからである。人間相互の監視等で、それが断ち切られることはない。

この日本文明的な考え方が見直され理解されれば、日本だけではなく全世界的に、監視社会は恐怖の社会とは思われなくなるのではないだろうか？　それどころか他者からの監視は、各人が自らの心の深淵にある真理を見つめ直すための、良い意味の圧力になるものという、肯定的な考え方さえ出来るようになるかもしれない。そうすればテロ等の予防もし易くなる。

テロ行為だけではない。他者との関係性を重視する考え方から解放されれば、〝格差〟等も重大な問題とは認識されなくなるのではないか？　テロも減っていくのではないか？

われわれ日本人は、自らの文明の本質を理解して、それを全世界に誇示して行くべきだろう。それが出来れば、21世紀がテロの時代にならなくなるかもしれない。われわれ日本人の歴史的使命として自覚して行かなければいけないと思う。」

このような深い思索に私が到達できたのは、筑波大学という特殊な大学で学んだお陰である。多くの素晴らしい先生方にご指導を受けた。

その中に日本一の犯罪心理学者だった故小田晋医学博士もいらっしゃった。医学部の学生でもない私を、筑波大学独特のシステムを活用して、医学部の犯罪心理学のゼミに受け入れてくださり、徹底的なご指導をしてくださった。また私個人に対して非常なご厚意を賜り、卒業後に私が始めた政治セミナー活動に、複数回ボランティアで講演してくださった。小田先生がいなければ、今の私はないのではないかと思う。

私の感覚では小田先生は、非常な誤解を世間から受けていたように思う。私の知る限り小田先生の精神鑑定の結果、死刑になった人は少ない。むしろ無罪になった人の方が、圧倒的に多かったと思う。

小田先生は、そのように自分の鑑定結果で無罪になり措置入院された人々が、本当に完治したか様子を見られるシステムの確立を主張されていただけだったと思う。しかし世間では小田先生を、〝政府に反対する者を全て精神病院に隔離しようとしている危険なマッド・サイエンティスト〟だと誤解していた人が、非常に多かったように思う。

今こそ小田先生への誤解を晴らし、その原因または結果として、小田先生が提唱したようなシステムを日本にも確立するべき時期だろう。この本は、そのために書かれたという側面も大きいのである。

また今は慶應大学保健管理センターの講師として勤務されている西村由貴医学博士は、小田ゼミの学友として私に非常に大きな影響を与えてくれた。彼女は日本の警察庁からの派遣でＦＢＩアカデミーで学び、日本に犯罪プロファイリングを導入した草分け的人物である。彼女から若き日に受けた影響がなかったとしたら、この本が書かれることはなかったと思う。

そのような理由により、この本は故小田晋医学博士および西村由貴医学博士の両名に謹んで捧げる書にしたいと思う。

《著者紹介》
吉川　圭一（よしかわ　けいいち）
　亜細亜大学国際関係学科を経て筑波大学大学院で経済学修士を取得。参議院議員公設秘書、国際問題評論家ペマ・ギャルポ氏事務所特別秘書等を経て2002年独立。GLOBAL ISSUES INSTITUTE 代表取締役。2011年４月から2016年末まで一般社団法人日本安全保障・危機管理学会（ＪＳＳＣ）ワシントン事務所長兼任。講演歴多数。
〔著書〕『2020年東京オリンピック・パラリンピックはテロ対策のレガシーになるか？』（近代消防社、2018年刊）『日本はテロを阻止できるか？』（近代消防社、2016年刊）、『３１１以降——日米は防災で協力できるか？』（近代消防社、2015年刊）、『９１１から３１１へ—日本版国土安全保障省設立の提言—』（近代消防社、2013年刊）、『楯の論理』（展転社、2002年刊）
〔連絡先〕ＵＲＬ　http://www.g-i-i.net/

KSS 近代消防新書
016
日本はテロを阻止できるか？ 3
サイコ型テロへの処方箋
著　者　吉川《よしかわ》　圭一《けいいち》
2018年9月25日　発行
発行所　近代消防社
発行者　三井　栄志
〒105-0001　東京都港区虎ノ門2丁目9番16号
（日本消防会館内）
読者係（03）3593-1401㈹
http://www.ff-inc.co.jp

ISBN978-4-421-00919-4　C0236
価格はカバーに表示してあります。

911から311へ
ー日本版国土安全保障省設立の提言ー

■吉川　圭一 著　四六判／ 280 ページ
定価 1,700 円＋税

米国の国土安全保障省や連邦緊急事態管理庁の関係者、トモダチ作戦最高司令官そして日本の内閣官房、内閣府、消防庁、自治体等、膨大な証言に基づく、東日本大震災を教訓とした政策提言書の決定版！

311 以降——
日米は防災で協力できるか？

■吉川　圭一 著　新書判／ 148 ページ
定価 800 円＋税

前著の出版から約２年。その後の日米双方における調査に基づいて前著の中心テーマの一つでもあった日米防災協力に関して、３１１以降の進展を踏まえつつ、これからの日米防災協力と日本の危機管理体制の在るべき姿に関し、新たに世に問う。

日本はテロを阻止できるか？

■吉川　圭一 著　新書判／ 240 ページ
定価 1,100 円＋税

膨大な公開・非公開の情報や日米双方のＮＳＣ等への取材成果も踏まえ、特に米国と日本のテロ対策の違いに関して解説し、さらに東京マラソンや伊勢・志摩サミットの警備への取材成果も加味し、東京２０２０オリンピック・パラリンピックのテロ対策についての改善策の提言書。

2020 年東京オリンピック・パラリンピックはテロ対策のレガシーになるか？

■吉川　圭一 著　新書判／ 192 ページ
定価 1,000 円＋税

前著に引き続き、東京２０２０オリンピック・パラリンピック競技大会のテロ対策が、どれくらい進んでいるか？　そして、それがテロ対策に関しては欧米等に対して後発国の日本において、どれくらいレガシーになるか？　精密な取材に基づいてテロ対策の問題点を指摘し、その改善案と今後に関して提言する。